Edward Bach.

Edward Bach
Die nachgelassenen
Originalschriften

Herausgegeben von
Judy Howard und John Ramsell,
Kuratoren des Dr. Edward Bach Centre,
Mount Vernon, England

Aus dem Englischen von
Christian Quatmann

Mit einem Vorwort von
Mechthild Scheffer

IRISIANA

IRISIANA
Eine Buchreihe herausgegeben von
Margit und Rüdiger Dahlke

Die englische Originalausgabe erschien unter dem Titel
The Original Writings of Edward Bach
bei C. W. Daniel, Saffron Walden
© *The Dr. Edward Bach Healing Trust* 1990

Die Deutsche Bibliothek – CIP-Einheitsaufnahme

Bach, Edward:
Die nachgelassenen Originalschriften / Edward Bach. Hrsg. von den
Kuratoren des Dr. Edward Bach Centre, England, Judy Howard und John
Ramsell. Mit einem Vorw. von Mechthild Scheffer [Aus dem Engl. von
Christian Quatmann]. – 2. Aufl. – München: Hugendubel, 1995
NE: Bach, Edward: [Sammlung ⟨dt.⟩]
(Irisiana)
ISBN 3-88034-883-9

2. Auflage 1995
© der deutschsprachigen Ausgabe Heinrich Hugendubel Verlag,
München 1995
Alle Rechte vorbehalten
Umschlaggestaltung: Zembsch' Werkstatt, München, unter Verwendung
eines Fotos von Judy Howard
Produktion: Tillmann Roeder, München
Satz: Uhl + Massopust, Aalen
Druck und Bindung: Jos. C. Huber, Dießen
Printed in Germany
ISBN 3-88034-883-9

Inhalt

Vorwort
von MECHTHILD SCHEFFER — 7

Einführung — 9

Edward Bach
von NORA WEEKS — 11

Teil I: Die frühen Jahre — 15

Das Problem der chronischen Krankheit (1927) — 19
Ein effektives Verfahren zur Herstellung
oraler Vakzinen (1930) — 34
Die Wiederentdeckung der Psora (1928) — 43
Edward Bachs Theorie der Persönlichkeitstypen
von NORA WEEKS — 60

Teil II: Die mittleren Jahre (1929–1934) — 63

Befreie dich selbst (1932) — 65
Ihr leidet an euch selbst (1931) — 91
Philosophische Notizen (1933) — 111
Blüten-Geschichten — 115
Briefe an Freunde und Kollegen — 119
Skizzen von Reisen und Fundorten — 133

Teil III: Die letzten Jahre (1934–1936) — 143

Briefe aus Sotwell — 143
Fallbeispiele aus der Blütenpraxis — 154
Briefe an die Ärztekammer und
Appell an den Berufsstand — 168
Philosophische Schriften — 172

Teil IV: Der Abschluß des Lebenswerks — 179

Öffentlicher Vortrag in Wallingford (1936) — 182
Der Freimaurer-Vortrag (1936) — 196
Letzte Briefe — 201

Teil V: Ansichten über Edward Bach — 209

Erinnerung an Edward Bach
von NORA WEEKS — 210
Begegnung mit Edward Bach
von FRANCES THOMAS — 216
Das weiße Pony – eine Fallgeschichte — 218
Gedichte und Fotografien — 219

Vorwort

Vor einigen Jahren wurde der Versuch unternommen, mehr persönliche Einzelheiten über das Leben von Edward Bach herauszufinden und in einem Buch zu veröffentlichen.

Zu dieser Veröffentlichung ist es nie gekommen, ganz einfach weil, z. B. im Gegensatz zum Leben Samuel Hahnemanns, sein Leben wenig Spektakuläres aufzuweisen hat. Seine Persönlichkeit trat mit den Jahren immer mehr hinter seiner Aufgabe zurück.

Um so dramatischer erscheint daher jenes Ereignis des Jahres 1930, als Edward Bach seine Londoner Praxis aufgab und als krönenden Abschluß sämtliche Unterlagen seiner bisherigen Forschung dem Feuer übergab.

In diesem – wie er es nannte – Freudenfeuer verbrannte er Vorträge und Aufsätze. Er zerschlug seine Injektionsspritzen und Vakzinefläschchen und schüttete ihren Inhalt in den Ausguß des Laborwaschbeckens. Seine Assistentin und Biographin Nora Weeks kommentiert diese Abkehr von seiner bisherigen Laufbahn als Arzt und Forscher knapp: »Mit halben Sachen gab er sich nie zufrieden.«

Bach wiederholte diesen spektakulären Akt kurz vor seinem Lebensende. Wieder benutzte er die reinigende Kraft des Feuers zur – auch von seinen schockierten Mitarbeitern zunächst verständnislos hingenommenen – Vernichtung von Unterlagen und Aufzeichnungen, der nur wenige Papiere entgingen.

Diese beiden Vorfälle werfen ein eindrucksvolles Licht auf die Persönlichkeit von Edward Bach. Sein Bestreben war es, eine Heilmethode zu finden, die so einfach war, daß sie jedermann anwenden könnte.

Sämtliche Vor- und Zwischenstufen auf dem Weg dorthin würden die Menschen nur verwirren und zu Mißverständnissen führen. »Wenn das Haus fertig ist, braucht man das Gerüst nicht länger aufzuheben«, pflegte er zu sagen. Diese kompromißlose Haltung ist einer der Gründe, warum die Bach-Blütentherapie auch heute, fast 60 Jahre nach seinem Tod, so einfach und authentisch weitergegeben werden kann.

Mit zunehmender Verbreitung der Bach-Blütentherapie wächst aber auch die Neugier und der Wunsch der Öffentlichkeit, Einblick in das vor dem Feuer gerettete Restarchiv von Bachs Schriften zu erhalten.

Nach teilweise verwirrenden und nicht autorisierten Veröffentlichungen von sogenannten Originalschriften oder gesammelten Werken ist es erfreulich, daß sich das englische *Bach Centre* entschlossen hat, aus dem noch Vorhandenen die Schriften herauszugeben, welche das Verständnis für sein Werk vertiefen und abrunden.

Freunden der Bach-Blütentherapie wird besonders gefallen, daß ein großer Teil des Materials im Faksimile abgedruckt werden konnte. Das Buch enthält außerdem alle der wenigen vorhandenen Fotos von Bach. Die Auswahl seiner Lieblingsgedichte wurde im Original belassen, weil ihr typisch englischer Charme in der Übersetzung sicher verlorenginge.

Zusammen mit den Aussagen von Zeitgenossen, die ihn kannten, ergeben sich – über die Biographie von Nora Weeks hinaus – weitere interessante Einsichten in die Entwicklungsgeschichte der Bach-Blütentherapie und die Persönlichkeit ihres Schöpfers Edward Bach.

Hamburg, im Juni 1991   MECHTHILD SCHEFFER

Einführung

Es ist uns eine besondere Ehre, Ihnen mit dem vorliegenden Buch eine Sammlung der wichtigsten Originalschriften Edward Bachs – und damit einige seiner grundlegenden Ideen – präsentieren zu können.

Edward Bach widmete sein ganzes Leben der Heilkunst. Nach 20 Jahren angestrengter Forschung entdeckte er schließlich seine neue Heilmethode. Er verwendete je nach ihren besonderen Eigenschaften ausgewählte Bäume, Pflanzen und Blumen, um durch sie die seelischen Zustände und die Persönlichkeit des Kranken zu behandeln. Die Bach-Blütenkonzentrate werden heute von Millionen Menschen in der ganzen Welt verwendet. Diese weite Verbreitung und das Vertrauen, das man ihnen entgegenbringt, verdanken sie allein ihrer Wirkung.

Edward Bach hat seine neuen Erkenntnisse immer sofort veröffentlicht und keine seiner grundlegenden Entdeckungen zurückgehalten. Sein Heilsystem sollte so einfach wie möglich sein und Menschen aus allen Gesellschaftsschichten die Möglichkeit der Selbstbehandlung eröffnen.

In seiner Schrift »Die Zwölf Heiler« faßte er abschließend die Ergebnisse seiner lebenslangen Forschung zusammen. Sie ist daher der grundlegende Text der Bach-Blütentherapie. In ihr kann man genau nachlesen, nach welchen Kriterien man die Blüten für sich selbst auswählt. Dieser Text sowie die Schrift »Heile dich selbst«, in der Bach seine grundsätzlichen Leitgedanken darstellt, sind bereits veröffentlicht worden[1] und Ihnen vielleicht schon bekannt. Wir haben aus diesem Grund darauf verzichtet, sie in das vorliegende Buch aufzunehmen. Auch die Vorstufen zur »Zwölf Heiler«-Reihe, nämlich »Die zwölf Heiler und die vier Helfer« und »Die zwölf Heiler und die sieben Helfer« sowie das Kapitel 12 von »Befreie dich selbst« sind nicht abgedruckt.

---

[1] Edward Bach, *Blumen, die durch die Seele heilen*, München: Hugendubel, 1980.

EINFÜHRUNG

Dr. Bach bezeichnete diese Arbeiten als das »Gerüst« seiner späteren Veröffentlichungen. Einige der darin enthaltenen Beschreibungen formulierte er aufgrund neuerer Erkenntnisse später um. Er bat ausdrücklich darum, die alten Beschreibungen nicht mehr zu veröffentlichen, da sie zukünftige Leser unnötig verwirren und in die Irre leiten würden.

Was wir Ihnen in diesem Buch vorstellen können, sind hingegen viele von Dr. Bachs besonders anregenden philosophischen Arbeiten, Briefe und Vortragsmanuskripte und eine Sammlung sonstiger Texte, aus denen seine Persönlichkeit, seine Gedanken und Intentionen deutlich werden.[1] Zusammen vermitteln diese Dokumente einen tiefen Einblick in die Arbeit und das Wesen eines Mannes, dessen Demut und Mitgefühl bis heute viele Menschen beeindrucken.

Wir sind sicher, daß Ihnen diese Sammlung von Nachdrucken der Originale des Archivs in Mount Vernon viele Anregungen vermitteln kann, und hoffen, daß Sie ebensoviel Freude bei der Lektüre haben werden wie wir beim Zusammenstellen der Texte.

JOHN RAMSELL und JUDY HOWARD
Kuratoren des *The Dr. Edward Bach Healing Trust and Centre*, Mount Vernon, Sotwell, Wallingford, Oxfordshire, England

---

[1] Alle Originaltexte von Edward Bach sind in der deutschen Übersetzung grau unterlegt.

Edward Bach
Arzt, Bakteriologe und Entdecker der Blütenessenzen

Wir haben jedem Kapitel dieses Buches eine gesonderte Einleitung vorangestellt, damit Sie sich leichter in den einzelnen Stadien von Edward Bachs Laufbahn zurechtfinden. Als allgemeine Einführung haben wir jedoch ein Resümee ausgewählt, das Nora Weeks über sein Leben und seine Arbeit geschrieben hat. Sie war seine engste Mitarbeiterin und Vertraute und wurde von ihm zu seiner Nachfolgerin bestimmt. Deshalb war sie mit seiner Arbeit aufs beste vertraut. Die gesamte Lebensgeschichte Bachs hat sie in ihrer Biographie Edward Bach – Entdecker der Blütentherapie[1] *niedergeschrieben.*

Edward Bach wurde 1886 in gutbürgerlichen Verhältnissen geboren, wollte jedoch seinem Vater die Kosten einer medizinischen Ausbildung nicht zumuten.

Schließlich erfuhr der Vater von dem starken Wunsch seines Sohnes, einen Heilberuf zu ergreifen, und stattete ihn mit den zum Studium an der Universität Birmingham notwendigen Mitteln aus, wo er 1906 seine Ausbildung aufnahm. Von dort aus ging Edward Bach nach London, wo er 1912 am University College sein medizinisches Examen ablegte.

Einzig und allein seine Begeisterung für die Heilkunst hielt ihn in London, denn das Stadtleben bekam ihm überhaupt nicht. Die Dankbarkeit, die er gegenüber seinem Vater empfand, hinderte ihn daran, um mehr Geld zu bitten, und so gab er seine kargen Zuwendungen überwiegend für Bücher aus und sparte dafür bei den Lebensmitteln.

---

[1] Nora Weeks, *Edward Bach*: Entdecker der Blütentherapie; sein Leben – seine Erkenntnisse, München: Hugendubel, 1988.

Obwohl er viel Zeit über den Büchern verbrachte, kam es ihm doch in erster Linie auf die Beobachtung jedes einzelnen Patienten an, wodurch er viele neue Erkenntnisse über die verschiedenen Krankheiten gewann. So gelangte er auch zu der Schlußfolgerung, daß es für bestimmte Krankheiten nicht nur jeweils eine einzige richtige Therapie gebe. Er begriff, daß für die Behandlung die Persönlichkeit des Patienten entscheidender ist als dessen körperliche Verfassung, auch wenn man diese natürlich nicht außer acht lassen darf. Nachdem er sich jahrelang mit den verschiedenen menschlichen Persönlichkeitstypen befaßt und auch auf dem Gebiet der Bakteriologie bahnbrechende Arbeit geleistet hatte, entdeckte er schließlich ein ganz neues Heilsystem.

Wie viele andere geniale Menschen vor ihm machte er sich von den Fesseln seines Fachwissens frei und überließ sich ganz seiner Intuition. Und diese Orientierung an der eigenen inneren Gewißheit wurde je länger desto mehr zu seinem entscheidenden Charakterzug.

Sein schlechter Gesundheitszustand zwang Edward Bach 1913 seine Position als Unfallchirurg aufzugeben. Als er wieder gesund war, richtete er in der Harley Street eine Praxis ein. Er beschäftigte sich zunehmend mit Immunologie und trat eine Stelle als Bakteriologe an. Im Rahmen dieser Tätigkeit entwickelte er neue Vakzinen, die sich in vielen Fällen von Arthritis als äußerst hilfreich erwiesen.

Während des Ersten Weltkrieges arbeitete er sich fast zu Tode und erlitt einen Zusammenbruch. Er konnte zwar durch eine Operation gerettet werden, mußte aber erfahren, daß er angeblich nur noch drei Monate zu leben habe. Trotz – beziehungsweise im Bewußtsein – dieser niederschmetternden Nachricht nahm er seine Tätigkeit als Bakteriologe wieder auf. Schon bald ließ die viele Arbeit ihn die düstere Prognose vergessen, und er gewann wieder neue Lebenskraft. Freunde, die ihn später wiedertrafen, waren äußerst erstaunt, daß er noch am Leben war. Er selbst war davon überzeugt, daß das Bewußtsein, er habe im Leben noch eine Aufgabe zu erfüllen, ihn wieder gesund gemacht habe.

Die Erkenntnisse, zu denen seine Forschungsarbeiten auf dem Gebiet der Darm-Toxikämie führten, wurden 1920 in den *Procee-*

dings of the Royal Society of Medicine veröffentlicht. Aber er war noch immer nicht zufrieden. Er richtete deshalb ein eigenes Laboratorium ein. Später erhielt er am Londoner Homöopathischen Krankenhaus die Stellung eines Pathologen und Bakteriologen. Hier lernte er auch die Schriften des großen Hahnemann kennen. Seine Intuition sagte ihm, daß er in der von Hahnemann eingeschlagenen Richtung weitersuchen müsse. Er hatte jedoch das Gefühl, daß er über die Homöopathie hinausgehen müsse und die Heilmittel, nach denen er suchte, am ehesten in den Pflanzen und Bäumen finden werde.

Halbheiten waren nicht seine Sache. Er gab deshalb 1930 seine mit 5000 Pfund Jahresgehalt dotierte Stellung auf und widmete fortan seine ganze Zeit der Suche nach den pflanzlichen Heilmitteln. Seine Intuition sagte ihm, daß er nach ungiftigen Pflanzen Ausschau halten müsse. Und tatsächlich warf er nun all sein wissenschaftliches Rüstzeug über Bord und verließ sich ausschließlich auf sein hochempfindliches inneres Sensorium. In den folgenden sechs Jahren ließ er sich ganz von diesem Grundsatz leiten. Dabei suchte er jeden Sommer nach neuen Heilpflanzen, und im Winter behandelte er seine Patienten. Er verwendete lediglich die Blüten der Pflanzen und Bäume für seine Heilmittel, denn inzwischen hatte er herausgefunden, daß sich die Blüten mit Hilfe des Sonnenlichts »potenzieren« lassen.

Nicht weniger revolutionär war eine andere Entdeckung, die ihm um diese Zeit zur Gewißheit wurde. Schon immer hatte ihn die genaue Beobachtung der menschlichen Natur besonders fasziniert. Jetzt erkannte er, daß es falsch ist, die Krankheiten selbst zu behandeln, sondern daß es vielmehr darauf ankommt, die typischen Stimmungszustände und die Persönlichkeitsmerkmale des Patienten zu therapieren.

Nachdem er die 38 Blütenessenzen entdeckt, Hunderte von Patienten geheilt und seine Methode in zwei kleinen Büchern einfach und klar dargestellt hatte, verstarb er friedlich im Jahr 1936.

NORA WEEKS

Teil I
Die frühen Jahre

Edward Bach ist heute in erster Linie wegen der von ihm entdeckten Blütenessenzen bekannt, doch auch während der Jahre seiner medizinischen Tätigkeit leistete er wichtige – und bis heute anerkannte – Forschungsarbeiten. Sein Hauptinteresse galt dabei der Toxikämie (Vergiftung) des Darmes. Seine gemeinsam mit John Paterson durchgeführten Forschungen auf diesem Gebiet führten dann zur Entwicklung der sogenannten (homöopathischen) Darmnosoden.

»Mitglied des ärztlichen Stabes am University College Hospital. Dozent an der Londoner Universität. Chefbakteriologe am Londoner Homöopathischen Krankenhaus. Eigene Praxis in der Harley Street. Eigene Forschungslaboratorien in Park Crescent, London, wo er ständig vier Ärzte beschäftigte. Sehr große Praxis. Mehr als 700 Ärzte aus aller Welt suchten seinen Rat; viele suchten ihn persönlich auf, um sich in seinem Labor weiterzubilden. Er machte – sowohl im Bereich der klassischen Medizin als auch auf dem Gebiet der Homöopathie – zahlreiche Entdeckungen und publizierte seine Ergebnisse in medizinischen Zeitschriften und Büchern. Noch heute greifen Ärzte in aller Welt auf diese Erkenntnisse zurück.«

Nora Weeks

Diese frühen Entdeckungen waren Meilensteine in Bachs medizinischer Laufbahn, denn sie führten ihn zu der Idee, für die von ihm entwickelte neue Heilmethode ausschließlich wild wachsende Pflanzen zu verwenden.

Dr. Bach hat zahlreiche Aufsätze und Bücher verfaßt, einige davon gemeinsam mit seinen Kollegen Dr. Charles E. Wheeler, Dr. T. M. Dishington und Dr. Paterson. Wir haben davon jedoch nur

Die frühen Jahre

Park Crescent in London W1, wo sich Dr. Bachs Labor befand

die für seine weitere Entwicklung wesentlichen in diesen Band aufgenommen, in dem ausschließlich von den Blütenessenzen die Rede sein soll. Schließlich stellt die Blütentherapie die Krönung seiner Lebensarbeit dar und übertrifft seine früheren Leistungen deshalb noch an Bedeutung.

Dennoch vermitteln die im folgenden abgedruckten Aufsätze einen guten Eindruck von der Entfaltung seines Lebenswerkes. Besonderes Interesse verdient der dritte Beitrag, der mit »Die Wiederentdeckung der Psora« überschrieben ist, denn diese Arbeit deutet in gewisser Hinsicht schon auf Edward Bachs Suche nach den Heilpflanzen voraus.

Das Problem der chronischen Krankheit*

Schon in den frühesten Zeugnissen der Medizingeschichte finden wir Hinweise darauf, daß die heute sogenannte Toxikämie des Darms bewußt oder unbewußt bereits vor langer Zeit therapiert wurde. Das zeigt ganz klar die Gewohnheit der frühesten Ärzte, sehr häufig abführende und leberstimulierende – und damit darmreinigende – Mittel zu verabreichen. In allen Phasen der Medizingeschichte ist unter Anwendung verschiedenster Methoden immer wieder dieses therapeutische Ziel verfolgt worden, und selbst die heute üblichen Diäten, Medikationen und chirurgischen Eingriffe haben noch vielfach den Zweck, die Darmreinigung zu befördern.

Unser Verdauungskanal ist von allergrößter Bedeutung. Er hat nicht nur eine größere Oberfläche als unsere Haut. Unser Darm ist auch imstande, die Stoffe aufzunehmen, mit denen er angefüllt ist. Unsere Haut hingegen besitzt diese Fähigkeit nicht annähernd in vergleichbarem Maße. So können Sie sich beispielsweise in ein Zyankalibad setzen, ohne daß dies schlimme Folgen für Sie hätte, während bereits die kleinste Menge dieses Giftes in Ihrem Magen ausreichen würde, Sie zu töten. Sie können sich ohne weiteres mit Wasser waschen, das von Typhus-, Diphtherie- oder sonstigen Bakterien verseucht ist, gelangt indessen nur eine mikroskopisch kleine Menge dieser Bakterien in Ihren Mund, so kann dies durchaus ernste bis tödliche Folgen haben.

Der Inhalt des Darmtraktes ist jene Flüssigkeit, von der wir leben, in der sämtliche für uns unverzichtbaren Nährstoffe enthalten sind. Diese halbflüssige Masse hat für uns etwa die gleiche Bedeutung wie das Wasser für die darin schwimmende einzellige Amöbe. Deshalb ist es so wichtig, daß diese Flüssig-

---

* Edward Bach hielt diesen Vortrag 1927 auf dem Internationalen Homöopathischen Kongreß.

keit rein ist, alles Lebensnotwendige enthält und von Substanzen frei ist, die – sollten sie absorbiert werden – unseren Körper schädigen könnten, solange sie auf keinen Schutzmechanismus treffen.

Es gehört ganz sicher zu den Wundern der Natur, daß wir imstande sind, völlig verschiedenartige Lebensmittel zu verdauen. Wäre dies nicht der Fall, so könnten wir uns nur innerhalb eines eng begrenzten Territoriums bewegen. Man denke nur an die höchst unterschiedlichen Nahrungsmittel, die in den verschiedenen Ländern gegessen werden. Natürlich haben diese Differenzen auch Folgen für den Darminhalt der einzelnen Menschengruppen. Und dennoch überleben die Menschen im allgemeinen; sie sterben zwar nicht an ihren Eßgewohnheiten, sondern sind krank, sie fallen nicht der Vernichtung anheim, sondern degenerieren gesundheitlich.

Höchstwahrscheinlich hat die menschliche Rasse ursprünglich ausschließlich von Rohkost gelebt, von tropischen Pflanzen und Früchten; und entsprechend hat sich der menschliche Verdauungstrakt so entwickelt, daß er an die Verarbeitung solcher Lebensmittel optimal angepaßt ist. Bestimmte Menschengruppen sind dann jedoch in Gegenden mit gemäßigtem Klima gewandert, und viele Völker leben heutzutage fast ausschließlich von gekochten oder anderweitig behandelten Lebensmitteln. Aufgrund dessen entspricht der Darminhalt des modernen Menschen nicht mehr im entferntesten der biologischen Ausstattung unserer Gattung. Und dennoch überlebt die Gattung, obwohl sie nicht völlig ungestraft davonkommt. Zwar leben wir, doch wir leiden auch – wir leiden unter zahllosen Krankheiten; das reicht von allgemeiner Abgeschlagenheit bis hin zum völligen Verlust unserer körperlichen Vitalität.

Es spricht gegen jede Erfahrung anzunehmen, der Mensch werde je auf seinem Weg umkehren und sich wieder in seinen ursprünglichen Lebensverhältnissen einrichten. Und sollte dies doch irgendwann einmal geschehen, so betrifft es uns jedenfalls nicht mehr. Wir müssen uns an den Lebensverhältnissen jener abermillionen Menschen orientieren, die jetzt und in der nahen Zukunft so leben werden, wie wir es heute tun, und die sich nach Gesundheit sehnen und nach der Erleichterung ihres Leidens. Wir müssen auf die heutigen Bedingungen reagieren und können es uns nicht leisten, untätig dazustehen und auf eine ideale Zukunft zu warten.

Da wir Menschen heutzutage von unnatürlichen Nahrungsmitteln leben, hat sich unser Darminhalt – im Vergleich zu unseren vorgeschichtlichen Vorfahren – chemisch, physikalisch und bakteriologisch verändert.

Alle diese Faktoren sind wichtig, aber für den heutigen Menschen wiegen dennoch die bakteriologischen Veränderungen am schwersten.

Unter chemischen und physikalischen Vorzeichen können wir unsere Ernährung wenigstens einigermaßen normalisieren, wenn wir uns zwar wie heute üblich ernähren, jedoch reichlich Früchte, Salate etc. zu uns nehmen. Wir haben also durchaus die Möglichkeit, unsere Ernährung weitgehend zu »stabilisieren«, auch wenn wir nicht bereit oder in der Lage sind, auf die heute verbreitete Hausmannskost beziehungsweise das moderne Restaurantessen ganz zu verzichten. Ich glaube sogar, selbst wenn man täglich Restaurants besucht, kann man gleichwohl Speisen auswählen, die den Darmtrakt nicht übermäßig belasten. Und wenn man sich dabei nicht allzu ungeschickt verhält, wird man auch nicht gleich als Sonderling gelten. Aber auch wenn man sich in dieser Weise diszipliniert, so heißt das natürlich noch lange nicht, daß diese Maßnahme bereits ausreicht, um eine Krankheit auszuheilen.

Bisweilen mag dies zwar der Fall sein, aber wenn es sich um eine langwierige oder tiefsitzende Infektion handelt, so wird das bakterielle Element jedenfalls für längere Zeit eine qualitative Verbesserung des Darminhaltes unterbinden, und deshalb müssen andere Methoden zum Einsatz gelangen, will man dieses Element ausschalten. Aus diesem Grund kommt der bakteriellen Infektion gegenüber dem abnormalen chemischen und physikalischen Zustand die größere Bedeutung zu; denn sie ist schwieriger zu korrigieren.

Haben Sie schon einmal darüber nachgedacht, daß es für den Darminhalt eines Menschen einen erheblichen Unterschied bedeutet, ob sich derjenige von gekochter Nahrung oder von Rohkost ernährt?

Bei den heutigen »zivilisierten« Menschen, die sich in erster Linie von gekochten Speisen ernähren, hat dieser Inhalt einen fauligen Geruch, ist dunkel gefärbt und reagiert alkalisch. In der Verdauungsmasse lassen sich viele Fäulnisprodukte, beispielsweise Indol, nachweisen, und das bakterielle Element besteht aus Kolibakterien, Streptokokken und sporentragenden Organismen. Ganz anders hingegen verhält es sich bei einem gesunden Menschen, der von Rohkost lebt.

Bei einem solchen Menschen ist der Inhalt des Dickdarms geruchlos, hell und sauer. Er weist keine Fäulnisprodukte auf, und das bakterielle Element besteht aus Milchsäurebakterien und einer geringen Zahl von *Bacillus coli*.

Wer sich in diesen Dingen auskennt, den wird dieser Unterschied bedenklich stimmen.

In vielen Fällen, in denen nicht einmal eine regelrechte Diät Besserung bringen würde, kann es sogar ohne eine Veränderung der Eßgewohnheiten zu einer Heilung kommen, obwohl ich nicht bestreite, daß eine vernünftige Ernährung auf Dauer natürlich vorteilhafter ist.

An eine gute Diät sollte man die folgenden Ansprüche stellen: Sie sollte den Nährstoffbedarf des Körpers decken und dafür sorgen, daß der Dickdarm vorwiegend leicht sauer reagiert und nicht alkalisch, wie es in der westlichen Kultur allgemein üblich ist. Der Säuregrad hängt jedoch vom Wachstum der Milchsäurebakterien ab, und diese Organismen wiederum brauchen Kohlehydrate, da sie sich andernfalls nicht vermehren können. Normale Stärke wird in Zucker umgewandelt, lange bevor sie den Dickdarm erreicht. Aber ungekochter Hafer oder – noch besser – gemahlene Nüsse eignen sich hervorragend, um den Körper mit einer Stärke zu versorgen, die im oberen Teil des Darms nicht sogleich vollständig in Zucker umgewandelt wird.

Meines Wissens nach ist bis heute nicht bewiesen, daß die Art von Bakterien, von denen hier die Rede ist, Krankheiten verursachen. Aber ich bin mir dessen nicht ganz sicher. Vielleicht sind diese Mikroorganismen ja sogar das Ergebnis krankhafter Zustände. Dennoch behaupte ich, daß die Gruppe von Organismen, von der ich hier spreche, bei allen kranken Menschen nachzuweisen ist – sie stehen also in irgendeinem Zusammenhang mit chronischen Erkrankungen. Und ferner bin ich davon überzeugt, daß wir mit aus diesen Bakterien hergestellten Präparaten sämtliche chronischen Erkrankungen äußerst wirksam bekämpfen könnten.

Ich komme nun auf diese Organismen zu sprechen, die stets ein Hinweis auf eine drohende, wenn nicht gar bereits ausgebrochene Krankheit sind. Und tatsächlich lassen sich diese Bakterien bei den allermeisten unserer Mitbürger nachweisen. Man könnte nun fragen, falls diese Organismen so gefährlich sind, warum läßt sich dann bei ihrem Auftreten nicht ausnahmslos eine chronische Erkrankung nachweisen? Die Antwort lautet: Ihre schädliche Wirkung ist nicht sehr stark, und ein zunächst mit einer ziemlich stabilen Gesundheit ausgestatteter Körper kann ihre Giftstoffe jahrelang verarbeiten, ohne daß negative Folgen sichtbar würden. Aber wenn dann das Leben mit seinen zahllosen Belastungen seinen Gang nimmt, läßt sich irgendwann die Anstrengung nicht mehr verheimlichen, die es den Körper gekostet hat, diese Organismen beziehungsweise die Zustände zu unterdrücken, denen sie vielleicht ihre Entstehung verdanken. Und dann kommt es nicht selten unversehens zu einem Zusammenbruch der Abwehr, und die Krankheit tritt offen zutage. Weil sich ein solcher Zusammenbruch meist bis in die mittleren Jahre hinausschieben läßt, bis zu einem Zeitpunkt also, da die nächste Generation schon fast herangewachsen ist, leistet der Körper diesen Organismen meistens keinen sonderlich erbitterten Widerstand. Denn in der Natur gilt häufig: Die

Gattung ist alles, das Individuum nichts. In einer ähnlichen Weise hat auch die lange Latenzzeit der Tuberkulose viele zu der Annahme verleitet, sie sei nicht ansteckend.

Die Erreger, von denen ich spreche, sind Organismen aus der gramnegativen Gruppe der Coli-Typhus-Bakterien. Entscheidend ist, daß sie nicht dazu in der Lage sind, Milchsäure zu fermentieren, und dadurch unterscheiden sie sich vom eigentlichen *Bacillus coli*.

Sie sind auch nicht im strengen Sinne pathogen, wie etwa die Typhus-, Ruhr- oder Paratyphuserreger, und in der Vergangenheit hat man die meisten überhaupt nicht beachtet. Sie sind auch nicht identisch mit den vorstehend erwähnten Organismen, aber eng mit ihnen »verbündet« und gehören der gleichen Gruppe an.

Ihre Zahl ist wahrscheinlich außerordentlich hoch, wenn nicht gar unendlich. Man kann durchaus Hunderte dieser Organismen untersuchen, ohne auch nur auf zwei von der gleichen Art zu treffen.

Wir können sie allerdings in Gruppen einteilen, obwohl auch dies nur eine relativ ungenaue Klassifizierung ergibt, weil jede Gruppe wiederum eine Unmenge von Varietäten einschließt, die sich nur in einigen winzigen Details voneinander unterscheiden.

Für den Zweck der vorliegenden Arbeit habe ich diese nichtmilchsäurebildenden Bakterien nach sechs Gruppen kategorisiert, nämlich als:

> *Dysenterie,*
> *Gaertner,*
> *Faecalis alkaligenes,*
> *Morgan,*
> *Proteus* und
> *Coli mutabile.*

Ihre jeweilige Gruppenzugehörigkeit verdanken sie der Fähigkeit, bestimmte Zuckersorten zu fermentieren. Wir haben jedoch nur wenige Zuckersorten verwendet, um die Zahl der Gruppen möglichst gering zu halten. Falls eine Autovakzine

Verwendung findet, ist eine genaue Bestimmung des betreffenden Organismus für die Therapie ohne Belang, und der polyvalente Impfstoff deckt ein weites Spektrum ab und schließt viele Vertreter aus jeder Untergruppe ein.

Diese Bakterien nun gelten überwiegend als harmlos, sind jedoch in Wirklichkeit ein Hinweis auf chronische Erkrankungen und vermögen diese bei richtiger Anwendung auch zu heilen.

Die klinischen Beweise – von denen noch zu sprechen sein wird – für die Heilkraft dieser Organismen sind so zahlreich, daß für Zweifel kein Raum mehr bleibt. Aber im Labor finden wir auch immer mehr nichtklinische Belege dafür, daß es zwischen diesen Erregern und den chronischen Erkrankungen einen Zusammenhang geben muß.

Die Untersuchung täglicher Stuhlproben eines Patienten gestattet es, die jeweils nachweisbaren Mikroorganismen entsprechend ihrem prozentualen Vorkommen tabellarisch aufzuzeichnen und so den Gesundheitszustand des Patienten mit der Menge der gefundenen Bakterien in einen Zusammenhang zu bringen.

Die Prozentangaben bezeichnen dabei die quantitative Beziehung der im Stuhl anwesenden abnormalen – nicht-Milchzucker-abbauenden – Organismen zu den ebenfalls nachweisbaren Kolibakterien. Ganz allgemein gesprochen: Es gilt als normal, wenn lediglich Kolibakterien nachweisbar sind, in den Gesamtkolonien findet sich jedoch meist ein Anteil dieser abnormalen Bakterien, der sich irgendwo zwischen 1 und 100 Prozent bewegt.

Die im Laufe einer Behandlung zu verzeichnenden Schwankungen dieses prozentualen Anteils lassen Rückschlüsse auf die Wirkung der Therapie zu.

Eine Faustregel besagt, daß die bei einem Patienten gefundenen Organismen stets die gleichen bleiben. Das heißt, ganz offenbar verwandeln sich Bakterien der Gruppe *Gaertner* nicht in *Morgan* oder *Proteus*.

Wenn man den Stuhl eines Patienten täglich analysiert und den prozentualen Anteil der abnormalen Bakterien regelmäßig registriert, so wird man bald feststellen, daß diese nicht immer in gleicher Zahl auftreten, sondern ihr Vorkommen einem Zyklus unterworfen ist. Es kann durchaus sein, daß die Stuhlproben eine Zeitlang frei von diesen Erregern sind, die dann plötzlich wieder auftauchen, sich rasant vermehren, vorübergehend eine ausgesprochen starke Population bilden, um dann wieder abzunehmen, bis sie schließlich ganz verschwinden.

Die Intervalle ihres Nichtvorkommens, ihrer Vermehrung beziehungsweise ihres höchsten prozentualen Anteils variieren von Fall zu Fall, aber die aus solchen Schwankungen sich ergebende Anwesenheitskurve steht in einer gewissen Beziehung zum Gesundheitszustand des Patienten.

Diese Beziehung ist noch nicht so gründlich erforscht, daß es bereits möglich wäre, konkrete Gesetze aufzustellen, denn es gibt verschiedene Typen solcher Kurven. Aber ich kann Ihnen versichern, daß es einen eindeutigen Zusammenhang zwischen dem Gesundheitszustand des Patienten und dem prozentualen Anteil dieser Erreger gibt. Dies zeigt eindeutig der Umstand, daß nach einer entsprechenden Impfung sich der Zustand des Patienten zunächst kurzfristig verschlechtert, um dann in eine längere positive Phase überzugehen, als in dem üblichen Rhythmus des Kranken. Lediglich in den Fällen, in denen es zu keiner nennenswerten Änderung des Rhythmus kommt, ist eine solche positive Wirkung nicht in gleichem Maße zu verzeichnen.

Ganz sicher ist auf diesem Gebiet noch eine Menge Arbeit zu leisten. Aber die Mühe wird sich zweifellos lohnen.

Es ist ganz erstaunlich, wie rasch sich die bakterielle Zusammensetzung des Darminhalts verändern kann. Nicht selten steigt plötzlich nach Wochen mit negativen Befunden innerhalb von 36 Stunden der Anteil dieser abnormalen Bakterien auf bis zu 100 Prozent an. Wie dies geschieht, wissen wir noch nicht. Ob diese Organismen die normalen Kolibakterien abtöten, ob die Kolibakterien mutieren oder ob ein veränderter Darminhalt oder eine Veränderung in der Befindlichkeit des Patienten dafür ausschlaggebend ist, dies alles bleibt noch zu erforschen. Ist dies Problem jedoch irgendwann einmal gelöst, so werden wir über die Ursache von Krankheiten wesentlich besser Bescheid wissen als bisher.

Aber wie immer die Erklärung auch ausfallen mag, klar ist schon heute, daß der prozentuale Anteil dieser Bakterien, der sich in den Stuhlproben nachweisen läßt, in seinen verschiedenen Phasen unmittelbar in einem Zusammenhang mit dem Gesundheitszustand des Patienten steht.

Rätselhaft ist bis heute auch die bereits konstatierte Tatsache, daß die Bakterientypen, die sich bei bestimmten Versuchspersonen einmal haben nachweisen lassen, auch in späteren Stuhlproben der betreffenden Individuen immer wieder angetroffen werden.

Egal wie oft man von einem bestimmten Menschen im Laufe vieler Jahre Stuhlproben untersucht, und ganz gleich wie sich das gesundheitliche Befinden des Betreffenden in der Zwischenzeit verändert, der Bakterientyp, der sich bei ihm nachweisen läßt, bleibt stets gleich. Überdies findet man nur selten bei einem Patienten mehr als einen dieser Typen, obwohl dies bisweilen dennoch geschieht.

Es gibt bestimmte Symptome, die im Zusammenhang mit dem einen Bakterientyp häufiger auftreten als bei anderen, und es ist gar nicht so unwahrscheinlich, daß weitere Forschungen einen eindeutigen Zusammenhang zwischen bestimmten Krankheitssymptomen und klar definierten Typen dieser Bakterien aufzeigen werden.

Ob diese Organismen nun Ursache oder eine Folgeerscheinung sind, sicher ist jedenfalls, daß sie in einem Zusammenhang mit den chronischen Erkrankungen stehen. Ebenso außer Frage steht, daß sie, wenn man sie zur Herstellung von Impfstoffen verwendet, eine überaus wohltuende Wirkung entfalten. Dies konnte in den vergangenen zwölf Jahren eindeutig bewiesen werden.

Ich habe bereits darauf hingewiesen, daß die für den Wert dieser Behandlungsmethode erbrachten klinischen Beweise ausreichen, um alle verbliebenen Zweifel auszuräumen. Diese Behauptung bedarf einer Rechtfertigung.

Abertausende von Patienten sind nach der vorstehend umrissenen Methode von diversen Praktikern behandelt worden, und zwar sowohl durch subkutane Injektionen als auch mit potenzierten Präparaten. In mindestens 80 Prozent der Fälle (um es zurückhaltend auszudrücken) war eine Zustandsverbesserung zu verzeichnen. Bei einigen dieser Patienten war eine geringfügige Besserung des Befindens zu konstatieren, bei der Mehrzahl eine deutliche, vielfach waren die Resultate außerordentlich positiv, und in zehn Prozent der Fälle muß man fast von einem Wunder sprechen.

Die Forschungsergebnisse, die ich Ihnen heute vortrage, sind ausnahmslos durch jahrelange Erfahrung und gründlichste Experimente gesichert. Wir haben Tausende von Fällen beobachtet und sind außerdem in der Lage, in ganz Großbritannien Ärzte zu benennen, die mit uns zusammenarbeiten und Ihnen die Richtigkeit meiner Aussagen bestätigen werden.

Es ist möglich, die aus diesen Organismen gewonnenen Impfstoffe subkutan zu injizieren, wie es bereits seit Jahren praktiziert wird. Aber das ist nicht unser heutiges Thema. Ich möchte in diesem Zusammenhang nur kurz auf unser Buch *Chronic Disease* verweisen, in dem Sie weitere Details dazu nachlesen können.

Worauf ich hier besonders hinweisen möchte, ist das Folgende: Die aus den getöteten Erregern hergestellten Vakzinen lassen sich ebensogut – wie ich selbst und andere meinen – auch in Form potenzierter Präparate verabreichen, und das mit außerordentlichem Erfolg.

Diese Mittel werden seit sieben Jahren, und in großem Maße seit nunmehr zwei Jahren, von Homöopathen und Allopathen gleichermaßen eingesetzt, und so mancher Allopath verzichtet inzwischen ganz darauf, die Präparate subkutan zu injizieren.

Diese potenzierten Mittel gibt es als autogene und als polyvalente Vakzine, also in zwei Varianten. Auf den zwischen den beiden Varianten bestehenden Unterschied werde ich jetzt gleich zu sprechen kommen.

Um ein autogenes Präparat handelt es sich immer dann, wenn die Bakterien eines bestimmten Patienten potenziert und diesem hinterher in Gestalt einer Vakzine wieder verabreicht werden.

Von einem polyvalenten Impfstoff spricht man dagegen, wenn man die Bakterien Hunderter von Patienten sammelt, miteinander vermischt und die so gewonnene Substanz dann potenziert. Die Präparate, die wir Ihnen bereits bei früherer Gelegenheit vorgestellt haben, gehören zu dieser Kategorie. Und sie stellen tatsächlich eine Nosode dar, die Ihre Aufmerksamkeit verdient.

Das autogene Präparat ist zunächst einmal nur für den Patienten von Nutzen, aus dessen Darminhalt die betreffenden Erreger entnommen sind; es kann aber möglicherweise auch anderen Menschen helfen, die unter einer identischen Infektion leiden. Polyvalente Nosoden hingegen werden mit dem erklärten Ziel aufbereitet, in so vielen Fällen wie nur möglich anwendbar zu sein.

Welche der beiden Arzneimittelarten sich im Endeffekt als wirkungsvoller erweisen wird, steht noch dahin, aber die Entscheidung dieser Frage ist zum gegenwärtigen Zeitpunkt auch gar nicht so wichtig. Denn selbst wenn sich die autogenen Präparate langfristig als überlegen erweisen sollten, ist die Erfolgsquote der polyvalenten Mittel immer noch so hoch, daß die Überlegung naheliegt, ob man dieser Arznei nicht den Status einer zusätzlichen homöopathischen *materia medica* einräumen sollte. Die Ergebnisse, die sich mit diesem Präparat erzielen lassen, werden nämlich (das kann ich ohne Übertreibung sagen) ganz sicher so positiv sein, daß selbst wo nicht alle therapeutischen Erwartungen erfüllt werden, ein Interesse daran bestehen wird, es im Anschluß mit einer Autovakzine zu versuchen. So werden wir im Laufe der Zeit mit beiden Präparat-Varianten so viele Erfahrungen sammeln, daß wir schließlich ihren jeweiligen therapeutischen Wert objektiv einschätzen können.

Zwar werden auch gegenwärtig beide Präparat-Varianten schon gründlich erforscht, aber es wird wohl noch einige Zeit vergehen, bis endgültige Ergebnisse vorliegen. Jedoch besteht durchaus die Hoffnung, daß die zur Zeit durchgeführten Untersuchungen demnächst eine Entscheidung darüber gestatten werden, ob der konkrete Patient mehr von einem autogenen oder von einem polyvalenten Mittel profitiert oder ob vielleicht sogar eine Mischung aus zwei oder drei Bakterienstämmen am wirksamsten ist.

Bevor ich zum Ende dieses Vortrages komme, möchte ich Ihnen der wissenschaftlichen Vollständigkeit halber noch einige für die Präparation der Vakzinen wichtige technische Details mitteilen.

Die Stuhlproben werden auf MacConkey's-Nährboden aufgebracht und für 16 Stunden in den Brutschrank gestellt. Während dieser Inkubationszeit entwickeln sich Kolonien roter und weißer Erreger. Wenn sie Milchzucker abbauen und dabei Milchsäure produzieren, so reagiert diese Säure auf das in den Nährböden enthaltene neutrale Rot. Die Folge ist eine rote Kolonie. Bauen sie hingegen keinen Milchzucker ab, dann wird auch keine Säure gebildet, und es kommt infolgedessen zu keiner Reaktion auf das neutrale Rot. Die entsprechenden Kolonien werden folglich weiß. Deshalb gilt unser Interesse einzig den nach der Inkubationszeit weißen Kolonien.

Die farbigen Kolonien werden nun verworfen, während man von den weißen eine kleine Menge auf Schräg-Agar aufbringt. Diese Kulturen werden nun für 15 Stunden in den Inkubator gegeben. Anhand der Zuckerreaktionen läßt sich dann die Gruppenzugehörigkeit der Organismen bestimmen.

Die einzelnen Kulturen werden dann in 2 ml destilliertem Wasser aufgeschwemmt, versiegelt und 30 Minuten lang auf 60 °C erhitzt und so getötet. Diese Emulsion wird entweder mit 9 g oder mit 99 g Milchzucker verrieben.

Das ergibt die erste Dezimal- oder Zentesimalpotenz, je nachdem wieviel Milchzucker man verwendet.

Weitere Potenzierungen werden dann durch Verreibung bis zur 6. Zentesimal- oder 12. Dezimalpotenz hergestellt. Mit den üblichen flüssigen Verdünnungsmitteln läßt sich die Potenz weiter erhöhen.

Besondere Sorgfalt erfordert die Sterilisation der Geräte, die bei der Potenzierung Verwendung finden. Am besten dazu geeignet ist wohl Heißluft von 140 °C (15 Minuten lang). Dieses Verfahren ist wahrscheinlich wirksamer als Dampf oder feuchte Hitze.

Die polyvalente Nosode erhält man, indem man von etlichen hundert Patienten Kulturen anlegt und diese dann nach und nach in eine sterile Flasche gibt. Hat man eine ausreichend große Zahl von Kulturen beisammen, so wird die ganze Flüssigkeit gut gemischt und geschüttelt. 1 ml dieser Flüssigkeit wird dann entsprechend den oben angegebenen Regeln potenziert.

Soweit ich beurteilen kann, entspricht diese Nosode exakt den von Hahnemann aufgestellten Gesetzen. Und als Einzelpräparat ist sie, glaube ich, jedem anderen homöopathischen Mittel überlegen.

Sie ist gleichsam ein Verbindungsglied zwischen der allopathischen und der homöopathischen Schule. Entdeckt hat sie zwar ein Mitglied der allopathischen Richtung, aber sie erfüllt alle Bedingungen der Homöopathie.

Ich möchte Ihnen diese Nosode als eine Arznei nahebringen, die es verdient hat, in Ihren Heilmittelkatalog aufgenommen zu werden. Sie ist besonders nützlich in Fällen, in denen alle sonstigen Medikamente versagt haben, aber auch bei Patienten mit unklarem Befund; doch sollte ihre Anwendung nicht allein auf solche Fälle beschränkt werden.

Trotzdem bleibt noch eine Menge Arbeit zu leisten. Zur Zeit unternehmen wir gerade eine Reihe von Experimenten, um herauszufinden, ob diese Organismen eine Ursache oder lediglich eine Folgeerscheinung krankhafter Zustände sind.

Die Nosode, die ich Ihnen heute vorgestellt habe, wird sowohl in Amerika als auch in Deutschland derzeit gerade ausprobiert, und in unserem Land gibt es wesentlich mehr Allo- als Homöopathen, die mit dem neuen Mittel arbeiten. Einige Allopathen, die jahrelang gute Erfahrungen mit der subkutanen Injizierung der Vakzine gemacht haben, verzichten inzwischen ganz auf die Spritze und arbeiten nur noch mit dem homöopathischen Präparat.

Ich glaube, man sollte in dieser Nosode in erster Linie eine Art Basis-Arznei sehen, und ich habe überhaupt keinen Zweifel daran, daß wir brillante Resultate erzielen werden, wenn wir den Patienten nach Gaben dieser Basis-Arznei entsprechend den Regeln der Homöopathie weiterbehandeln.

Die Nosode hat die Fähigkeit, das Grundproblem, unter dem der Patient leidet, mehr oder weniger vollständig zu kurieren. Sie reinigt seinen Organismus so gründlich, daß schließlich ein konkretes Symptom zutage treten kann, anhand dessen man dann das passende Similium finden kann. Und sie erhöht die Empfindlichkeit des Kranken für andere homöopathische Präparate. So beeindruckend deshalb die von den Allopathen erzielten Erfolge auch sein mögen, in Ihren Händen müßten diese Vakzinen eigentlich noch größere Wirkung zeigen.

Ich appelliere an Sie, die Nosode auch tatsächlich auszuprobieren und sie gerade in solchen Fällen einzusetzen, in denen andere Therapien bisher fehlgeschlagen sind und hinsichtlich der richtigen Medikation Unklarheit herrscht. Ich vertraue voll darauf, daß Sie den Wert des Mittels rasch erkennen werden, falls Sie es tatsächlich ausprobieren.

Ich bin hier nicht näher auf das autogene Präparat eingegangen, weil ich mir bewußt bin, daß die polyvalente Nosode spontan bei Ihnen ganz sicher auf mehr Interesse stößt. Falls Sie jedoch die Vakzine subkutan injizieren möchten, dann erzielen Sie mit dem autogenen Mittel wesentlich bessere Ergebnisse. Denn 95 Prozent aller Patienten reagieren positiver auf ein aus ihren »eigenen« Bakterienstämmen entwickeltes Präparat, und lediglich bei fünf Prozent spricht ein polyvalentes Mittel besser an. Was jedoch die potenzierte Variante dieser Vakzinen angeht, so ist es noch zu früh, derartige Behauptungen aufzustellen. Allerdings hat sich die polyvalente Variante als so erfolgreich erwiesen, daß sie meiner Meinung nach in manchen Fällen besser und in den meisten Fällen genausogut wirkt wie das autogene Präparat. Ganz sicher jedoch wird es immer wieder bestimmte Patienten geben, die ausschließlich auf eine Nosode reagieren, die aus ihren »eigenen« Bakterienstämmen hergestellt ist.

Nosoden, also Heilmittel, die aus der Ursubstanz der Krankheit präpariert werden, gab es schon wesentlich früher als die Bakteriologie und die Vakzinen. Aber der Zusammenhang zwischen beiden ist nicht zu übersehen. Ich möchte deshalb Ihrer Schule, die dafür bekannt ist, auf klinischem Weg Krankheit mit Krankheit zu heilen, eine Arznei anbieten, von der ich glaube, daß sie die Grundkrankheit aller Krankheiten zu heilen vermag, nämlich jene chronische Toxikämie, die von dem genialen Hahnemann postuliert und benannt worden ist. Wenn ich glaube, daß ich über die Natur dieser Krankheit umfassender Auskunft zu geben vermag, als er es konnte, so wird sein Ruhm dadurch nicht um ein Jota geschmälert – vielmehr findet seine Arbeit in meinen Ergebnissen ihre Bestätigung und Fortsetzung, und somit zolle ich ihm den einzigen Tribut, auf den er Wert legen würde.

Ein effektives Verfahren zur Herstellung oraler Vakzinen[*]

In den letzten zehn Jahren haben wir eine neue Methode zur Herstellung oraler Vakzinen gründlich erforscht, intensiv angewendet und eindeutig nachgewiesen, daß das entsprechende Präparat in Fällen chronischer Erkrankungen außerordentlich gute Dienste leistet. Zahlreiche medizinische Praktiker in Großbritannien, Amerika, Deutschland, Frankreich und anderen Ländern haben sich von dem Wert der neuen Behandlungsmethode während eines längeren Zeitraums selbst überzeugen können, und so besteht heute gar kein Zweifel mehr daran, daß zu den bisher schon verbreiteten Medikamenten eine völlig neue Arznei hinzukommt.

Die Möglichkeit einer oralen Applikation der Vakzinen bietet so viele Vorteile, daß sowohl Ärzte als auch Patienten das neue Verfahren natürlicherweise begrüßen. Einer der größten Nachteile subkutaner Injektionen ist die Notwendigkeit, den entsprechenden Präparaten Antiseptika beizumischen, Mittel also, die eigentlich im menschlichen Organismus nichts zu suchen haben. Zweitens lehnen sehr viele Patienten konventionelle Impfungen ab und profitieren deshalb auch nicht von dem Nutzen dieses therapeutischen Verfahrens. Hingegen erheben sie keinerlei Einwände, wenn ihnen das entsprechende Präparat oral verabreicht wird. Drittens kommt es bei der oralen Einnahme einer Vakzine nicht zu der nach Injektionen häufig auftretenden lokalen Reaktion oder Schwellung, wie auch die generelle Reaktion deutlich schwächer ausfällt, was besonders die Behandlung alter Menschen erleichtert, aber auch solcher mit eher schwächlicher Konstitution. Viertens entfällt das Risiko einer Sepsis oder einer versehentlichen Infektion. Und fünftens sind diese Präparate wesentlich preiswerter und können deshalb

---

[*] Dieser Aufsatz erschien in *Medical World*, 24. Januar 1930.

auch von Menschen eingenommen werden, die sich die wesentlich teurere subkutane Injektion von Autovakzinen nicht leisten können.

Wenngleich wir auch in der Behandlung akuter Erkrankungen bereits vielversprechende Erfolge erzielt haben, hat unser Hauptinteresse bisher jedoch jenen chronischen Erkrankungen gegolten, die teilweise oder ausschließlich durch eine Toxikämie des Darmes verursacht sind. Auf diesem Feld stützen sich unsere Ergebnisse auf die Behandlung Hunderter von Patienten. Daß es zwischen den nicht-milchzuckerabbauenden Organismen im Darm und den chronischen Erkrankungen einen Zusammenhang gibt, wird heute von Bakteriologen so allgemein akzeptiert, daß ich hier darauf nicht weiter einzugehen brauche. Diese Übereinstimmung bezieht sich hauptsächlich auf zwei Punkte: daß nämlich erstens diese Organismen den potentiellen Patienten für chronische Erkrankungen geradezu prädisponieren und daß zweitens die aus diesen Bakterien gewonnenen Vakzinen von außerordentlichem therapeutischem Wert sind und bereits vielfach erfolgreich eingesetzt wurden. An dieser Stelle möge deshalb der Hinweis genügen, daß ein weites Spektrum von Krankheiten, vor denen die ärztliche Kunst bisher versagte, inzwischen als durchaus heilbar gelten.

Die Zahl dieser Milchzucker nicht spaltenden Bakteriengruppen ist außerordentlich groß. Vermutlich geht sie in die Tausende, wenn man die Organismen detailliert nach ihren Zuckerreaktionen etc. differenziert. Aus vakzine-therapeutischer Sicht ist es jedoch derzeit völlig ausreichend, sie entsprechend ihrer Reaktion auf vier verschiedene Zuckerarten in sieben Hauptgruppen einzuteilen, wie in der Tabelle S. 36 dargestellt:

In der therapeutischen Praxis gilt es zwei Dinge zu beachten: Erstens muß man eine bakteriologische Untersuchung durchführen, um festzustellen, ob der Patient sich mit einem der oben genannten Organismen infiziert hat. Zweitens muß der Arzt dem Patienten eine autogene oder eine polyvalente Vakzine des Erregertyps verschreiben, der die Infektion verursacht hat.

	GLUKOSE	LAKTOSE	SACCHAROSE	DULZIT
Faecalis alkaligenes	basisch	–	–	–
Ruhrtyp	sauer	–	–	–
Morgan-Typ	sauer & Gas	–	–	–
Gaertner-Typ	sauer & Gas	–	–	sauer & Gas
Proteus-Typ	sauer & Gas	–	sauer & Gas	–
Coli mutabile	sauer & Gas	spät sauer & Gas	–	–
Typ Nr. 7	sauer & Gas	–	sauer & Gas	sauer & Gas

Um festzustellen, ob tatsächlich eine Darmvergiftung vorliegt, bringt man nach dem üblichen Verfahren eine Stuhlprobe des Patienten auf McConkeys-Nährboden (Neutralrot – Gallensalz-Pepton-Laktose) auf. Wenn weiße Kolonien in Erscheinung treten, so werden daraus Kulturen angelegt, die dann anhand der oben in der Tabelle angegebenen vier Zuckerarten getestet werden. Auf diese Weise läßt sich feststellen, zu welcher der sieben Bakteriengruppen sie gehören. Es sei an dieser Stelle noch darauf hingewiesen, daß diese abnormalen Organismen im Darminhalt nicht ständig gegenwärtig sind; mal sind sie nachweisbar, und dann sind sie plötzlich wieder verschwunden, wie man das ja auch von den Typhuserregern kennt. Deshalb kommt man vielfach nicht umhin, täglich Stuhlproben zu nehmen, bis man die Organismen schließlich nachweisen kann. Im Durchschnitt sind drei bis vier Untersuchungen ausreichend, bisweilen jedoch dauert es einige Wochen, bis positive Ergebnisse vorliegen; länger als drei Wochen wäre allerdings ungewöhnlich.

Bei der Herstellung der Vakzine gehen wir nun folgendermaßen vor: Die 18 Stunden inkubierte Kultur wird in 2 ml destilliertem Wasser aufgeschwemmt. Diese Emulsion wird dann wie üblich bei 60 °C im Wasserbad getötet, allerdings statt der normalen 60 nur 30 Minuten lang. Danach gibt man 1 ml der Emulsion zusammen mit 99 Gramm Milchzucker in einen Mörser und zerstößt diese Mischung 20 Minuten lang gründlich mit dem Stößel. Das so gewonnene Pulver ist die erste Potenz der Vakzine. 1 Gramm dieses Pulvers wird dann wiederum in 99 Gramm Milchzucker gegeben und nach dem beschriebenen Verfahren ebenfalls 20 Minuten lang im Mörser verrieben. Dies ergibt die zweite Potenz. 1 Gramm von diesem Pulver auf 99 Gramm Milchzucker ergibt dann nach der entsprechenden Behandlung die dritte Potenz. Danach gibt man 1 Gramm auf 99 ml destilliertes Wasser und schüttelt die Flüssigkeit kräftig in einer Flasche. So erhält man die vierte Potenz. Im nächsten Schritt geben Sie dann 1 ml dieser Lösung in 99 ml destilliertes Wasser und schütteln diese Flüssigkeit wiederum kräftig. Diesen Vorgang können Sie dann beliebig oft wiederholen.[1] Die am häufigsten verwendeten Potenzen sind die zwölfte und die dreißigste.

Für eine polyvalente Vakzine brauchen Sie eine große Zahl von Kulturen einer bestimmten Gruppe, die Sie so lange aufbewahren, bis Sie wenigstens 100 Kulturen beisammen haben. Mischen Sie diese Kulturen dann gründlich und verwenden Sie nun 1 ml dieser Emulsion nach dem oben beschriebenen Schema. Auf diese Weise können Sie von jeder der sieben Bakteriengruppen eine sehr wirksame Vakzine herstellen.

Dosierung

Es hat sich gezeigt, daß man bei alten oder geschwächten Menschen oder bei Patienten, bei denen man eine starke Reaktion vermeiden möchte, am besten mit einer Dosis der zwölften Potenz beginnt. Bei vitaleren Personen jedoch kann man ohne weiteres mit der dreißigsten Potenz anfangen. Die Dosis besteht aus drei bis vier Tropfen aus der Vorratsflasche, die in 30 ml

---

[1] Sie können aber auch nur jeweils die Hälfte oder ein Viertel dieser Mengen nehmen, falls Ihnen das mehr zusagt, allerdings müssen Sie die Proportionen genau beibehalten.

Wasser gegeben werden. Diese Flüssigkeit sollte in einem Abstand von vier Stunden in zwei Portionen eingenommen werden, und zwar am besten vor dem Essen. Danach muß man die Wirkung abwarten. Ob sich keine Besserung eingestellt hat, läßt sich endgültig erst nach frühestens drei Wochen entscheiden. Stellt sich jedoch eine Zustandsbesserung ein, und sei sie auch noch so gering, so darf man auf keinen Fall eine weitere Dosis verabreichen, solange die geringsten Fortschritte zu verzeichnen sind, selbst wenn dies eine Wartezeit von Monaten bedeutet. Die nächste Dosis dürfen Sie erst verabreichen, wenn definitiv keine Zustandsbesserung mehr feststellbar oder sogar ein Rückfall zu verzeichnen ist.

Fallbeispiele

Fall 1: Frl. N. G., 35 Jahre – Epileptikerin: Die Anfälle treten seit dem sechsten Lebensjahr durchschnittlich einmal wöchentlich auf; Mutter ebenfalls Epileptikerin, Vater Alkoholiker. Die bakteriologische Untersuchung des Stuhls ergab 20 Prozent Darmbakterien des *Morgan*-Typs.

28. Oktober 1927: Erste Dosis, zwölfte Potenz. Anschließend war Zustandsbesserung zu verzeichnen. Sechs Wochen lang völlig beschwerdefrei, dann wieder sehr leichter Anfall.

7. Dezember 1927: Dosis wiederholt.

6. Februar 1928: Leichter Anfall. Dritte Dosis gegeben.

Die Patientin steht noch unter Beobachtung. Insgesamt sind innerhalb von zwei Jahren zwölf Dosierungen nötig gewesen, die letzte hat sie im Mai 1929 erhalten. In diesem Gesamtzeitraum hat sie fünf eindeutige Anfälle erlitten, den letzten am 21. November 1928. Die schwersten 1929 zu verzeichnenden Symptome waren leichte Schwindelgefühle und Niedergeschlagenheit – insgesamt viermal.

Ein effektives Verfahren zur Herstellung oraler Vakzinen (1930)

Fall 2: Herr J. L., 44 Jahre. Leidet seit fünf Jahren unter chronischer Colitis; häufig lockerer Stuhl mit viel Schleim; alle drei bis vier Wochen Durchfallattacken. Allgemeine Erschöpfung in Verbindung mit ausgeprägt depressiven Zuständen und häufigem Kopfweh. Die bakteriologische Untersuchung ergab einen Anteil von 90 Prozent Darmbakterien des *Proteus*-Typs.

22. Juni 1928: Erste Dosis der dreißigsten Potenz verabreicht. Rasche und deutliche Zustandsbesserung; sämtliche Symptome bis Ende Juli verschwunden. Das Befinden des Patienten blieb bis März 1929 stabil, dann stellten sich die Symptome in abgeschwächter Form wieder ein. Nach einer zweiten Dosis wiederum rasche Zustandsbesserung, die bis heute anhält.

Fall 3: Herr C. J., 50 Jahre: Nervenzusammenbruch infolge Überarbeitung und geschäftlicher Belastung; deutlich depressiv und konzentrationsschwach mit zunehmender Tendenz; nervöse Verdauungsbeschwerden, Schmerzen und Blähungen nach dem Essen. Die bakteriologische Untersuchung des Stuhls ergab einen fünfprozentigen Anteil von Darmbakterien des *Morgan*-Typs.

8. August 1927: Erste Dosis der dreißigsten Potenz gegeben. Stetige Zustandsbesserung; Mitte August war der Patient in der Lage, wieder leichte Arbeiten auszuführen. Besserung schreitet kontinuierlich fort. Bereits Mitte September fühlte sich der Patient verhältnismäßig gut.

1. Oktober 1927: Keine weiteren Fortschritte zu verzeichnen, deshalb zweite Dosis verabreicht. Wieder Verbesserung des Allgemeinbefindens, Zustand besser als seit Jahren.

Wegen leichter Rückfälle wurden in den folgenden acht Monaten vier weitere Dosierungen gegeben, die letzte am 22. Juni 1928. Seither ist eine Weiterführung der Therapie nicht mehr nötig gewesen.

Die frühen Jahre

Fall 4: Frau B., 62 Jahre: Starke Kopfschmerzen, Abgeschlagenheit und weitere Symptome einer chronischen Nierenerkrankung. Blutdruck 232. Eine Urinuntersuchung erbrachte den Nachweis von Eiweiß und Sediment.

Die bakteriologische Untersuchung des Stuhls ergab einen Anteil von zehn Prozent Darmbakterien vom Typ *Faecalis alkaligenes.*

3. Januar 1928: Erste Dosis zwölfter Potenz verabreicht. Allgemeine Besserung des Befindens; weniger häufig und intensiv Kopfweh; Blutdruck auf 209 gefallen; Eiweißanteil im Urin zurückgegangen.

4. Februar 1928: Zweite Dosis verabreicht, da keine weitere Zustandsverbesserung.

Im Verlauf des Jahres 1928 wurden noch drei weitere Dosierungen gegeben und zwei im Jahre 1929. Seit April 1928 sind die Kopfschmerzen fast ganz verschwunden, und auch das Allgemeinbefinden ist seither gut; der Blutdruck hat sich bei 200 eingependelt, und im Urin sind nur noch geringe Spuren Eiweiß nachweisbar.

Fall 5: Frau C., 44 Jahre: Seit acht Jahren einmal monatlich starke Kopfschmerzen; muß deswegen jedesmal mindestens einen Tag im Bett verbringen. Die bakteriologische Untersuchung des Stuhls hat einen zweiprozentigen Anteil von Darmbakterien des *Morgan*-Typs ergeben.

14. Januar 1928: Erste Dosis der dreißigsten Potenz verabreicht. Im Februar kein Migräne-Anfall.

8. März 1928: Wegen leichter Attacke zweite Dosis nötig.

Seither hat sie sechs weitere Dosierungen erhalten, die letzte am 19. April 1929. In den vergangenen zwölf Monaten sind die Attacken sehr leicht ausgefallen und haben zuletzt praktisch aufgehört.

Ein effektives Verfahren zur Herstellung oraler Vakzinen (1930)

Es ist leicht zu erkennen, daß die großen Vorteile dieser Behandlungsmethode nicht nur dem Patienten, sondern auch dem Arzt zugute kommen. Denn sobald man erst einmal einen ausreichenden Vorrat an polyvalenten Vakzinen angelegt hat, ist dieser Fundus praktisch unerschöpflich. Infolgedessen lassen sich die Kosten reduzieren, und die Verabreichung der Präparate ist für den Praktiker völlig problemlos. Er muß lediglich zu Beginn der Therapie eine bakteriologische Untersuchung vornehmen, um den Typus des infizierenden Mikroorganismus zu bestimmen.

So viele Mediziner stehen heute für die Wirksamkeit dieser Präparate ein, daß an deren Wert überhaupt kein Zweifel mehr bestehen kann. Schon bisher haben aus diesen Darmbakterien hergestellte und subkutan injizierte Vakzinen unsere Behandlungsmöglichkeiten der chronischen Erkrankungen beträchtlich verbessert, und nun können wir sogar auf eine gleichermaßen wirksame, jedoch wesentlich einfachere Therapie zurückgreifen, die wir all denen anbieten können, die der subkutanen Impfung Vorbehalte oder gar Vorurteile entgegenbringen.

Der knappe Raum verbietet es mir, an dieser Stelle näher auf die physikalischen Eigenschaften dieser Präparate einzugehen. Aber die Ergebnisse moderner Physiker bestätigen offenbar, daß in diesen Verdünnungen sehr aktive Substanzen am Werk sind.

Mit einem weiteren Aspekt der Vakzinen befaßt sich im übrigen Dr. T. M. Dishington in Glasgow, der bereits seit Jahren Patienten in diesem Zusammenhang beobachtet. Es besteht Anlaß zu der Hoffnung, daß wir binnen kurzem genau die von den einzelnen Bakteriengruppen verursachten Symptome beschreiben können. Gelingt dies, so wird es künftig möglich sein, die Präparate allein auf symptomatologischer Grundlage zu verschreiben, so daß langwierige Labortests entfallen.

Viele meiner Leser werden natürlich schon lange gemerkt haben, daß die bei der Herstellung der oralen Vakzine zur Anwendung gelangenden Verfahren mit den von der homöopathischen Schule seit hundert Jahren praktizierten Methoden identisch sind. Das Wissen, daß derartig behandelte Bakterien sich in der therapeutischen Praxis als außerordentlich wertvolle Präparate erwiesen haben, müßte eigentlich in eine enge Zusammenarbeit zwischen den Vertretern der fortschrittlichen Immunitätslehre unserer Tage und den Anhängern der bereits hundert Jahre alten homöopathischen Schule einmünden. Und obwohl die Homöopathie neben den bedeutenden Heilerfolgen, die sie vorzuweisen hat, kaum noch einer anderen Bestätigung bedarf, ist diese Übereinstimmung der beiden Schulen dennoch von großem Wert, beweist sie doch der allopathischen Schule, daß eine der Entdeckungen Hahnemanns sich von einem andern Standpunkt her auch im Labor als richtig erweist.

Die Wiederentdeckung der Psora*

Ich möchte in diesem Vortrag an die Diskussion der Probleme anschließen, über die Dr. Dishington anläßlich Ihrer letzten Zusammenkunft gesprochen hat. Das Thema sind also bestimmte Nosoden, die aus den im Darm vorhandenen abnormalen Organismen gewonnen werden und von denen Sie in den vergangenen acht Jahren bei verschiedenen Gelegenheiten in Vorträgen bereits gehört haben. Ich möchte Ihnen im folgenden erläutern, wie es zur Entwicklung dieser Nosoden gekommen ist. Auch möchte ich zu Ihnen von den theoretischen Erwägungen und praktischen Schritten sprechen, denen diese Nosoden ihren heutigen Status verdanken.

Bevor die Nosoden zu ihrer heutigen Wirksamkeit gebracht werden konnten, mußten zunächst drei Bedingungen erfüllt sein: Erstens mußten wir die Gruppe von Bakterien finden, die die Grundlage der Nosoden bilden. Zweitens mußten wir, im Hinblick auf die Wiederholung von Dosierungen, die Bedeutung der Hahnemannschen Gesetze kennenlernen. Drittens mußten wir nachweisen, daß die Nosoden auch in potenziertem Zustand wirken.

Etwa 1912 entdeckte man, daß im Darminhalt gesunder wie kranker Menschen eine Klasse von Bakterien nachweisbar ist, die bis dahin als unwichtig gegolten hatte, von der man jetzt jedoch zeigen konnte, daß sie mit chronischen Erkrankungen in einem Zusammenhang stehen. Es handelt sich bei diesen Organismen um nicht-milchsäurebildende Darmbakterien, die der großen Gruppe der Enterobakterien angehören und sehr eng mit den Typhus-, Ruhr- und Paratyphuserregern verwandt sind. Sie lösen allerdings keine akuten Erkrankungen aus und lassen sich

---

* Vortrag von Edward Bach am 1. November 1928 vor der *British Homoeopathic Society*, der später in *The British Homoeopathic Journal* (Januar 1929) abgedruckt wurde.

keinem spezifischen Krankheitszustand zuordnen. Da sich ein solcher spezifischer Zusammenhang nicht aufweisen ließ, hatte man sie in der Vergangenheit als belanglos angesehen, und die Bakteriologen und Kliniker hatten sie nicht beachtet. Wegen der Häufigkeit, mit der sich diese Organismen auch in Fällen nachweisen ließen, in denen keine sonstigen abnormalen oder pathogenen Erreger isoliert werden konnten, beschloß man in diesen Jahren, aus diesen Bakterien Vakzinen herzustellen und gegen chronische Erkrankungen einzusetzen. Und so stellte man fest, daß sie, obwohl im üblichen Wortsinn nichtpathogen, in Gestalt von Vakzinen eine durchaus wohltätige Wirkung hatten. Man konnte zeigen, daß diese Vakzinen in chronischen Fällen eine leichte Verschlimmerung der Symptome verursachten, auf die unter günstigen Umständen eine deutliche Zustandsbesserung folgte. Zwar konnte man mit dieser Therapie immer wieder positive Ergebnisse erzielen, aber insgesamt war die Erfolgsquote doch recht niedrig, weil nämlich die Vakzinen viel zu häufig und in festen Abständen – etwa von einer Woche oder zehn Tagen – injiziert wurden und diese Überdosierungen den Heilungsprozeß immer wieder unterbrachen. Heute können zahlreiche Bakteriologen und ebenso viele Kliniker bezeugen, daß es eine unzweifelhafte Verbindung zwischen diesen Organismen und den chronischen Erkrankungen überhaupt gibt und zwischen diesen Organismen und der Darmvergiftung mit ihren negativen Folgen. Daß eine solche Verbindung tatsächlich existiert, steht inzwischen ganz außer Frage. Einige hundert Praktiker haben dies allein schon durch die klinischen Erfolge bewiesen, die sie mit aus diesen Organismen hergestellten Präparaten erzielen konnten. Auch haben wir im Laboratorium etliche Belege dafür gefunden, daß es zwischen dieser Gruppe von Organismen und Erkrankungen einen Zusammenhang geben muß. Wenn man von einem Patienten über einen längeren Zeitraum Tag für Tag Stuhlproben nimmt, so stellt man fest, daß die abnormalen Organismen, von denen hier die Rede ist, nicht konstant nachweisbar sind, sondern daß es negative Phasen gibt, in denen sie sich überhaupt nicht isolieren lassen, und positive, in denen sie mehr oder weniger zahlreich auftreten. Überdies schwanken in den positiven Phasen die absoluten Zahlen von Tag zu Tag. Wenn wir mit den Stuhluntersuchungen zufällig in einer negativen Phase beginnen, so lassen sich die Organismen einige Zeit später in den Proben nachweisen, zunächst in geringer Zahl, dann in tatsächlich größeren Mengen, bis zu einem Maximalpunkt, jenseits dessen ihre Zahl wieder abnimmt, bis sie schließlich wieder ganz verschwunden sind. Sowohl der maximale Anteil dieser Erreger als auch die Länge der positiven und der negativen Phasen können von Patient zu Patient erheblich differieren, interessant jedoch ist der Umstand, daß das Gesamtbefinden von Versuchspersonen, seien sie nun gesund oder krank, sich entsprechend den jeweiligen Phasen ebenfalls verändert. Bei Patienten, die unter einer chronischen Erkrankung leiden, machen sich die Symptome gegen Ende der negativen Periode meist besonders unangenehm bemerkbar und lassen nach, sobald die Organismen wieder ausgeschieden werden. Als Faustregel gilt: Je größer die Zahl der ausgeschiedenen Erreger, desto besser das Allgemeinbefinden solcher Patienten. Auch bei offensichtlich gesunden Menschen folgen die üblichen Formschwankungen in etwa dem gleichen Rhythmus. Boyd und Paterson in Glasgow versuchen gerade weitere Belege für den Zusammenhang zwischen diesen Phasen und unserem Allgemeinzustand zu finden.

Die Vakzine wirkt für gewöhnlich dahingehend, daß die Zahl der ausgeschiedenen Erreger zunimmt und die positive Phase gestreckt wird, was beides dem Allgemeinbefinden des Patienten zugute kommt. Wenn man die Ergebnisse der Stuhluntersuchungen täglich in eine Tabelle einträgt, so läßt sich im allgemeinen von der entsprechenden Kurve der Zustand des Patienten und seine generelle Entwicklung ablesen. Deshalb liefern diese Tabellen häufig nützliche Hinweise darauf, wann der beste Zeitpunkt für eine weitere Dosis gekommen ist. Vom klinischen, aber auch vom wissenschaftlichen Standpunkt aus gesehen, kann es also gar keinen Zweifel mehr daran geben, daß diese Organismen in enger Verbindung zu den chronischen Erkrankungen stehen.

Zu der Entdeckung, daß die Vakzine nicht in festen Abständen, sondern entsprechend der Reaktion des Patienten verabreicht werden sollte, kam es folgendermaßen: Die in den Laboratorien am University College tätigen Fachleute fanden bei der Behandlung von an Lungenentzündung leidenden Patienten mit Vakzinen heraus, daß sie bessere Ergebnisse erzielten, wenn sie sich bei der Gabe weiterer Dosierungen an der Reaktion des Patienten auf die jeweils letzte Injektion orientierten. Wenn beispielsweise nach einer Injektion die Pulsfrequenz und die Temperatur des Kranken abfielen, so entwickelte sich sein Gesamtbefinden wesentlich besser, falls man für die Phase dieser Zustandsbesserung auf weitere Vakzinegaben verzichtete und erst wieder eine Injektion gab, sobald die Pulsfrequenz und die Temperatur wieder anstiegen. Unter den beschriebenen Umständen war nicht nur ein höherer Prozentsatz an Heilungen zu verzeichnen, sondern auch eine raschere Zustandsbesserung; außerdem waren wesentlich weniger Vakzinegaben notwendig. Nachdem man dies eindeutig hatte nachweisen können, gelangte man zu der Schlußfolgerung, daß es möglich sein müsse, auch alle anderen Typen fieberhafter Erkrankungen auf diese Weise zu behandeln. Und tatsächlich war man mit der Methode auch in diesen Fällen erfolgreich. Nachdem man diesen Beweis geführt hatte, kamen einige Mitarbeiter auf die Idee, daß dieses offenbar für alle akuten Krankheiten geltende Gesetz möglicherweise auch auf chronische Erkrankungen anwendbar sei. Man unternahm also entsprechende Versuche, und auch jetzt wieder fielen die Ergebnisse unerwartet gut aus.

Bei der Behandlung chronischer Fälle ließ man zwischen den einzelnen Gaben mindestens drei Wochen verstreichen, da bei manchen Patienten eine Besserung des Befindens erst nach einem solchen Zeitintervall zu verzeichnen war. Und falls nach

Ablauf von drei Wochen tatsächlich eine Zustandsbesserung feststellbar war, so verzichtete man auf zusätzliche Injektionen, bis keine weiteren Genesungsfortschritte mehr zu beobachten waren und entweder eine Phase der Stagnation oder eine Zustandsverschlechterung eintrat. Auf diese Weise fand man heraus, daß die Periode der Zustandsbesserung zwischen zwei und drei Wochen und, in seltenen Fällen, sogar zwölf Monaten variierte. Ferner konnte man nachweisen, daß der Verzicht, während des gesamten Zeitraums der Zustandsbesserung weitere Dosierungen zu geben, zu wesentlich besseren therapeutischen Ergebnissen führte und daß man in jedem einzelnen Fall mit einer viel geringeren Menge Impfstoff auskommen konnte. Die Ergebnisse waren so erfolgreich, daß bis heute an der Weiterentwicklung dieser Methode gearbeitet wird.

Auf diesem Weg also gelangten wir zu zwei Schlußfolgerungen: nämlich, daß erstens diese spezifische Gruppe nichtpathogener und nicht-milchsäurespaltender Darmbakterien ganz zweifellos mit den chronischen Erkrankungen zu tun hat und daß zweitens die aus ihnen gewonnenen Vakzinen wertvolle Heilmittel sind, wenn sie entsprechend den Hahnemannschen Gesetzen verabreicht werden, das heißt, wenn man die Reaktion des Patienten abwartet und die Dosierungen nicht in von vornherein feststehenden Intervallen gibt.

Um diese Zeit etwa bin ich dann als Bakteriologe in den Dienst Ihres Krankenhauses getreten und habe so die Homöopathie kennengelernt. Als ich Hahnemanns *Organon der Heilkunst* zum erstenmal las, begriff ich sogleich, daß die Errungenschaften der modernen Immunitätslehre lediglich eine – wenn auch methodisch anders zustande gekommene – Wiederentdeckung von Tatsachen war, die er bereits ein Jahrhundert zuvor erkannt hatte. In Zusammenarbeit mit einigen der hiesigen Ärzte machten wir uns sofort daran, aus diesen verschiedenen Bakteriengruppen nach homöopathischen Prinzipien Heilpräparate herzustellen und nach den bei Ihnen üblichen Verfahren zu potenzieren. Schon nach sehr kurzer Zeit konnten wir beweisen, daß nach dieser Methode präparierte Nosoden von großem therapeutischem Wert sind, und unsere in den darauf folgenden acht Jahren durchgeführten Forschungen, in deren Verlauf wir Hunderte von Patienten behandeln konnten, haben unsere früheren Hoffnungen mehr als bestätigt. Heute finden diese Nosoden nicht nur in England, sondern in noch größerem Umfang in Deutschland und Amerika Verwendung und in geringerem Maße auch in Frankreich, Holland und der Schweiz.

Aus homöopathischer Sicht stellt sich nun zuerst die Frage, ob diese Präparate den von Hahnemann aufgestellten Gesetzen Genüge tun und ob sie als eine Fortsetzung seiner Arbeit gelten können. Viele von uns sind der Meinung, daß dies der Fall ist, da der Begründer der Homöopathie verschiedentlich das stoffliche Produkt von Krankheiten zur Heilmittelherstellung verwendet hat und es besteht wohl kaum ein Zweifel daran, daß er diese Organismen, sofern er sie hätte isolieren können, auch verwendet hätte. Im übrigen wissen wir noch nicht, ob diese Erreger die Ursache oder das Resultat der Krankheit sind oder ob sie nicht vielleicht sogar der Versuch sind, das Leiden zu heilen. Zum gegenwärtigen Zeitpunkt vermögen wir nur zu sagen, daß es zwischen diesen Bakterien und chronischen Erkrankungen einen Zusammenhang gibt, dessen Beschaffenheit wir allerdings noch nicht durchschauen. Im übrigen ist es gut möglich, daß diese Bakterien eine Varietät des *Bacillus coli* sind, der wegen seiner Allgegenwart – er läßt sich im menschlichen Organismus ebenso nachweisen wie bei den Säugetieren und sogar Vögeln – wohl als normaler Darmbewohner zu gelten hat. Experimente scheinen darauf hinzudeuten, daß sich bei tiefgreifenden Veränderungen im Körper auch die Darmflora mit dem Ziel verändert, das Gleichgewicht wiederherzustellen. Denn es ist nicht auszuschließen, daß es sich bei diesen Bakterien um normale Colibakterien handelt, die sich wegen eines veränderten Zustands des Wirtsorganismus ebenfalls verändert haben und deshalb, wenn man sie in diesem Zustand potenziert, als wertvolle therapeutische Substanzen gelten müssen. Die Ergebnisse der Wissenschaft legen den Schluß nahe, daß das Leben ein Zustand der Harmonie und des Einklangs ist und Krankheit dagegen eine Art Mißklang, ein Zustand, in dem ein Teil des Ganzen aus dem Takt gerät.

Bei der Unterscheidung verschiedener Bakteriengruppen spielt offenbar der Milchzucker eine Rolle. Von den übrigen Zuckern unterscheidet sich der Milchzucker dadurch, daß er ein tierisches und nicht wie die anderen Zucker ein pflanzliches Produkt ist. Neuere Forschungsergebnisse deuten darauf hin, daß ein Ferment nur dann auf eine andere Substanz einwirken kann, wenn es in Übereinstimmung mit dem Atomgewicht der betreffenden Substanz zu schwingen vermag. Das würde bedeuten, daß Organismen, die Milchzucker (Laktose) abbauen können, im Einklang mit tierischem und menschlichem Gewebe zu schwingen vermögen, während Organismen, die dies nicht können, nicht in der Lage sind, mit anderen als pflanzlichen Substanzen mitzuschwingen. Sollte diese Theorie die Prüfung der Zeit überstehen, so kann sie helfen, einige grundlegende Dinge besser zu verstehen und für den Menschen wohltätige von schädlichen Organismen zu unterscheiden. Wenn wir diese Organismen jedoch zu therapeutischen Zwecken einsetzen wollen, so müssen wir sie gerade zu dem Zeitpunkt potenzieren, da sie ihre für den Wirtsorganismus negative Wirkung entfalten. In jeder anderen Hinsicht sind die Nosoden natürlich völlig identisch mit homöopathischen Präparaten, und ihre Herstellung unterliegt exakt den üblichen Gesetzen der Arzneimittellehre.

Niemand, der sich etwas eingehender mit der Toxikämie des Darmes befaßt hat, wird die Ähnlichkeit zwischen diesem Zustand und der von Hahnemann als *Psora* beschriebenen Ur-Krankheit übersehen. Ich möchte auf diesen Zusammenhang hier allerdings nicht näher eingehen, weil meines Wissens Dr. Gordon aus Edinburgh sich bei anderer Gelegenheit mit dieser Ähnlichkeit noch ausführlich befassen und Ihnen gesicherte Erkenntnisse über den Charakter der von Hahnemann als Psora bezeichneten Darmvergiftung vortragen wird.

Es gibt einen interessanten Punkt, auf den ich hier noch kurz zu sprechen kommen möchte, nämlich Hahnemanns Behauptung, man könne nicht zu ein und derselben Zeit mehr als eine Krankheit haben. Dies bestätigen auch unsere Untersuchungen der Darmflora. Tatsächlich überrascht es, daß man bei einem Patienten nur in äußerst seltenen Fällen mehr als einen abnormalen Erreger nachweisen kann. Auch dies spricht dafür, daß beide Zustände, von denen hier die Rede ist, identisch sein müssen.

Ungeachtet der Tatsache, daß sich zu einem bestimmten Zeitpunkt immer nur ein Typ von Organismus nachweisen läßt, kann sich dieser Typ unter der Einwirkung einer Vakzine, einer Nosode oder eines Arzneimittels verändern. Das wiederum kann als Hinweis darauf gelten, daß der Organismustyp vom Gesundheitszustand des Patienten abhängig ist und sich entsprechend dem Nährboden, in dem er zu leben hat, wandelt. Grundsätzlich läßt sich sagen, daß der Organismustyp bei Menschen, die keiner homöopathischen Behandlung unterzogen worden sind, über einen längeren Zeitraum wesentlich stabiler bleibt.

Ein weiterer Punkt, auf den ich noch hinweisen möchte, ist der Umstand, daß derzeit eine ganze Reihe von Allopathen homöopathische Verfahren anwenden. Das betrifft aber nicht nur die Nosoden, die von zahlreichen Ärzten in verschiedenen Teilen der Welt therapeutisch eingesetzt werden, von denen die meisten auch in das korrekte Verfahren der Wiederholung der Dosierungen eingewiesen worden sind, so daß von dieser Seite wohl keine mißbräuchliche Verwendung der Präparate zu befürchten ist. Eine andere Schule hat ganz unabhängig von uns ebenfalls orale Vakzinen entwickelt und setzt jetzt in großem Umfang entsprechende Nieder-Potenz-Präparate ein. Bisher arbeitet diese Richtung, die in den meisten Ländern der Welt vertreten ist, lediglich mit Verdünnungen bis zur vierten Potenz. In den vergangenen Jahren haben Besredka und andere vielfach nachgewiesen, daß oral verabreichte Vakzinen sich hervorragend sowohl zur Vorbeugung als auch zur Heilung von Krankheiten eigenen. In zahlreichen Experimenten konnte immer wieder gezeigt werden, daß bereits wenige Gaben oral verabreichter, abgetöteter Emulsion Tiere gegenüber einem Erregertyp immunisieren, für den sie sonst sehr empfänglich sind. Auch bei Armeeangehörigen vorgenommene Testreihen haben die Schutzwirkung dieser Art Präparate gegen Typhus, Ruhr etc. eindrucksvoll bestätigt. Die oral zu verabreichenden Vakzinen werden also gegenwärtig immer häufiger zur Prophylaxe und zur Behandlung bestimmter Krankheiten eingesetzt, und nicht nur in diesem Land, sondern viel mehr noch auf dem Kontinent, sind Firmen inzwischen dazu übergegangen, diese Präparate in großen Mengen herzustellen. Die entsprechenden Präparate sind zwar nicht im strikten Wortsinn potenziert, aber wegen der Winzigkeit der Bakterien ist ihr Anteil an der Gesamtflüssigkeit so minimal, daß diese Mittel in etwa dem Faktor D_2 bis D_3 von potenzierten homöopathischen Mitteln entsprechen. Diese neuen Arzneien, die sich sehr rasch ausbreiten, sind natürlich Produkte der allopathischen Schule und haben keinerlei Verbindung zur Homöopathie. Sie sind aus den Laboratorien des konventionellen Medizinbetriebs hervorgegangen. Aber dabei sind unwissentlich wiederum Hahnemanns Erkenntnisse zum Zuge gekommen, und heute gibt es nun eine große Zahl entsprechender Arzneien, wenngleich nur in niedrigen Potenzen. Die naturwissenschaftlich orientierte Medizin unternimmt also derzeit gerade den Versuch, die vollständige Palette der Krankheitserreger zu Heilmitteln aufzubereiten. Von den diversen Organismustypen, die sie zu diesem Zweck verwendet, gibt es natürlich noch zahllose Untergruppen.

Um Ihnen hierfür ein Beispiel zu geben, möchte ich Ihnen gerne ein paar Absätze aus der Vierteljahresschrift eines unserer großen pharmazeutischen Unternehmen vorlesen:

»Der Vakzine-Therapeut behauptet, daß es eine Vielzahl von Fällen gibt, in denen die subkutane Injektion des Impfstoffs nicht zweckdienlich sei. Ungeeignet ist dieses Verfahren etwa bei fieberhaften Erkrankungen und bei nervösen und überempfindlichen Patienten.

Es ist noch nicht allgemein bekannt, daß bei Staphylokokken- oder Streptokokken-Infektionen die oral applizierte Vakzine genausogut, wenn nicht besser wirkt als Impfstoffinjektionen. Außerdem entfallen bei dieser Darreichungsform beispielsweise die häufigen Arztbesuche, weil der Patient die oralen Vakzinen auch daheim zu den vom Praktiker vorgeschriebenen Zeiten einnehmen kann. Bei der Behandlung von Furunkeln und Karbunkeln konnten mit dieser Methode bereits hervorragende Erfolge erzielt werden.«

Auch einen anderen Punkt, auf den bereits Hahnemann hingewiesen hat, sollte der Homöopath nie aus den Augen verlieren, den Umstand nämlich, daß die Heilmittellehre nie vollständig sein und nie sämtliche existierenden Krankheiten wirklich abdecken kann. Außerdem war er sich darüber im klaren, daß infolge veränderter Lebensumstände in der Zukunft auch neue Krankheiten auftreten können und daß die entsprechenden Heilmittel erst noch entdeckt werden müssen. Dank seiner Genialität erkannte er jedoch, daß die Natur eine unendliche Vielzahl von Heilmitteln bereithält und es folglich für jeden denkbaren Krankheitszustand ein geeignetes Therapeutikum gibt. Die folgenden dem *Organon* entnommenen Absätze[1] zeigen deutlich, daß er sich durchaus der Notwendigkeit weiterer Heilmittel, aber auch der Anstrengungen bewußt war, die seine Nachfolger noch würden unternehmen müssen, um seine ursprünglichen Entdeckungen zu verbessern und um mit den sich ständig verändernden Krankheitsbildern Schritt zu halten:

»Zuweilen findet sichs bei der noch eingeschränkten Zahl genau nach ihrer positiven Wirkung gekannter Arzneien, dass von den

---

[1] Alle Zitate aus Samuel Hahnemanns *Organon der rationellen Heilkunst* sind der ersten Auflage (Dresden 1810) entnommen. Bach zitiert hier aus einer englischen Übersetzung dieser Ausgabe. Die Numerierung der Abschnitte stimmt nicht mit der bei uns verbreiteten sechsten und letzten Auflage von 1842 überein.

Symptomen der zu heilenden Krankheit nur ein mehr oder weniger grosser Theil in der Symptomenreihe einer der noch am besten passenden Arzneien angetroffen wird, folglich diese unvollkommene Gegenkrankheitspotenz in Ermangelung einer vollkommnern angewendet werden muss.« (§ 133)

»Ist die zuerst gewählte Arznei wirklich die den Krankheitszufällen in ihrem Umfange angemessene, so muss sie das Uebel heilen; hatte sie aber aus dem unzulänglichen Vorrathe nach ihren positiven Wirkungen am gesunden Körper gekannter, arzneilicher Krankheitspotenzen nicht hinreichend homöopathisch gewählt werden können, so wird die Arznei neue Symptomen erregen, die zur fernern Wahl des zunächst nöthigen und dienlichen Heilmittels Anleitung geben werden.« (§ 184)

»Freilich kann nur ein ansehnlicher Vorrath genau nach dieser ihrer positiven Wirkungsart gekannter Arzneimittel uns in den Stand setzen, für jeden der unendlich vielen natürlichen Krankheitsfälle ein homöopathisches Heilmittel (ein vollständiges Analogon von Gegenkrankheitspotenz) auszufinden.

Anm.: Wenn statt eines Einzigen, wie bisher, Tausende von genauen und zuverlässigen Beobachtern sich mit Erforschung dieser ersten Elemente einer rationellen Arzneistoff-Lehre beschäftigt haben werden; was wird dann nicht erst im ganzen Umfange des unendlichen Krankheits-Gebietes ausgerichtet werden können! Dann wird das Heilgeschäft nicht mehr als grundlose Vermuthungskunst (ars conjecturalis) verspottet werden können.« (§ 122)

Sein Bewußtsein von den angesichts der Vielzahl der Krankheiten gegebenen Möglichkeiten tritt auch in den folgenden Ausführungen zutage:

»... und dass (...) jede epidemische oder sporadische Kollektivkrankheit, und, ausser ihnen, jeder vorkommende andre Krankheitsfall als eine namenlose, individuelle Krankheit angesehen und behandelt werden muss, die sich noch nie so ereignete als in diesem Falle, in dieser Person und unter diesen Umständen, und genau eben so, nie wieder in der Welt vorkommen kann.« (§ 60)

»Bloss der rationelle Heilkünstler wird, da jede Krankheits-Epidemie in der Welt (mit Ausnahme jener wenigen mit einem festständigen, unabänderlichen Miasma) von der andern, und selbst jeder einzelne Krankheitsfall epidemischer und sporadischer Art, am meisten aber jeder nicht zu einer solchen Kollektivkrankheit gehörige Krankheitsfall von jedem anderen abweicht –, auch jedes ihm zur Heilung angetragene Siechthum nach seiner individuellen Verschiedenheit nehmen, wie es ist, und wenn er dessen Eigenheiten und alle seine Zeichen und Symptomen erforscht hat (denn dazu sind sie vorhanden, dass auf sie soll geachtet werden), auch nach seiner Individualität, d. i. nach der sich an ihm zeigenden Gruppe von Symptomen mit einem individuell passenden Heilmittel behandeln...« (§ 48)

Abschließend möchte ich jetzt noch auf die Tatsache hinweisen, daß Hahnemann ganz offensichtlich von der Existenz eines schier unerschöpflichen Arzneimittelreservoires ausging. Er wußte jedoch, daß es viel Mühe kosten würde, diese Substanzen auch tatsächlich zu finden. Und so erteile ich ihm noch einmal das Wort:

»Unendlich leichter hingegen, weit gewisser und mit ungemessener Auswahl können wir uns zum Heilzwecke jener Krankheitspotenzen bedienen, die man gewöhnlich Arzneien zu nennen pflegt; der durch sie zu erregenden Gegenkrankheit (welche die natürliche Krankheit, zu der wir gerufen werden, aufheben soll) können wir gemessene Stärke und Dauer geben, weil Maas und Gewicht ihrer Gaben in unsrer Gewalt steht, und da jede Arznei abweichend von jeder andern, und vor sich schon vielfach wirkt, so haben wir in der grossen Menge der Arzneistoffe eine unermessliche Zahl künstlicher Krankheiten in unsrer Hand, die wir den im Laufe der Natur entstehenden Krankheiten und Gebrechen der Menschenkinder mit treffender Wahl entgegen setzen und so Naturkrankheit mit höchst ähnlicher, künstlich erregter Gegenkrankheit schnell und sicher aufheben und auslöschen können.« (§ 37)

Es steht ganz außer Frage, daß diese Nosoden in Zukunft bei der Behandlung von Krankheiten eine wichtige Rolle spielen werden. Da sie im übrigen die meisten Charakteristika homöopathischer Arzneien aufweisen, sollten sie in erster Linie in der homöopathischen Therapie Verwendung finden, und zwar aus zwei Gründen: Erstens sollte jede Fortführung der Hahnemannschen Arbeit organisch an das bereits vorhandene Corpus seiner genialen Entdeckungen anschließen. Zweitens, und dieses Argument ist noch viel wichtiger als das erste: Diese Nosoden entfalten nur dann ihr gesamtes Heilpotential, wenn sie im Kontext einer homöopathischen Therapie zur Anwendung gelangen. Man darf nie vergessen, daß diese Nosoden vermutlich nur einen Aspekt der Krankheiten abdecken, nämlich das von Hahnemann als Psora bezeichnete Leiden, und daß sie deshalb auch nur in einer bestimmten Phase der Behandlung überhaupt wirksam sind und sicher nicht für das gesamte Krankheitsbild Heilung versprechen. Der erfolgreiche Praktiker sollte deshalb zusätzlich auf sämtliche heute bereits oder künftig bekannten homöopathischen Arzneien Zugriff haben, damit er seine Patienten umfassend behandeln kann. Zwar ist auch die allopathische Schule durchaus bereit, die aus den verschiedensten Gruppen von Bakterien hergestellten Nosoden oder – wie sie in diesen Kreisen heißen – oralen Vakzinen zu verschreiben, möchte sie jedoch lediglich zur Behandlung bestimmter Krankheitssymptome einsetzen und verfügt im übrigen nicht über einhundert Jahre Erfahrung mit all den zahlreichen Pflanzen- und Naturheilmitteln, die sich in Ihrer Schule bereits seit so langer Zeit bewährt haben.

Man könnte diese Nosoden vielleicht als starke Reinigungsagenzien ansehen, die den Zustand des Patienten zu verbessern helfen und bisweilen sogar eine völlige Heilung bewirken. Manchmal führt ihre reinigende Wirkung auch dazu, daß ein Patient, der zuvor auf keine Therapie angesprochen hat, nun plötzlich auch auf andere Präparate reagiert. Auch hier kommt es wieder entscheidend darauf an, daß die Wiederholung von Dosierungen sich ausschließlich an der Reaktion des Patienten orientieren muß. Zwar ist jedem Homöopathen dies Gesetz vertraut, doch die Allopathen werden wohl noch einige Zeit brauchen, bis auch sie es berücksichtigen. Sollten diese Nosoden jedoch künftig primär von Allopathen eingesetzt werden, so wird ihr positiver Effekt wesentlich geringer sein, als wenn diese Präparate über die homöopathische Schule Verbreitung finden würden. Ursächlich dafür sind zwei Gründe, nämlich erstens der Umstand, daß die Allopathen über keine weiteren Heilmittel dieser Kategorie verfügen, und zweitens die Tatsache, daß sie das Gesetz von der korrekten Dosis-Wiederholung kaum kennen.

Der praktische Erfolg dieser Präparate ist so überwältigend gewesen, daß bereits heute mehr Allopathen sie verwenden, als überhaupt Homöopathen in England registriert sind. Einige dieser Allopathen verzichten inzwischen bei der Verabreichung der Nosoden ganz auf die Injektionsnadel, aber es liegt eine gewisse Gefahr darin, daß dies Verfahren immer weitere Verbreitung findet, ohne daß eine entsprechende Standesorganisation über seine korrekte Anwendung wacht. Denn hilfreich sind die Nosoden nur in der Hand von Fachleuten, die über eine entsprechende Vorbildung verfügen. Die Homöopathie leitet ihre Daseinsberechtigung in diesem Land nicht zuletzt von dem Umstand her, daß sie in Fällen helfen kann, in denen die Allopathie versagt. Wenn jetzt aber auch die Allopathen künftig mit diesen Präparaten arbeiten, so sind sie – bei rechter Handhabung der Mittel – gegenüber den Homöopathen wesentlich konkurrenzfähiger als bisher. Sie können sich darauf verlassen, daß der konventionelle Medizinbetrieb – vorausgesetzt, daß die korrekte Handhabung dieser Mittel sich in den entsprechenden Kreisen durchsetzt – über kurz oder lang die Entdeckung des gesamten Verfahrens für sich in Anspruch nehmen wird. Sie haben zur Zeit mit Dr. Paterson in Glasgow einen eigenen Pathologen, der sich mit diesen Nosoden beschäftigt, sie selbst herstellt und erforscht, so daß Sie an dem Fortgang der Forschung aus einer internen Quelle heraus beteiligt sind.

Zum Schluß möchte ich Ihnen noch ein paar kurze Auszüge aus einem Referat vortragen, das ich im April 1920 vor diesem Forum vorgetragen habe:

»Inzwischen sollte allgemein bekannt sein, daß die Wissenschaft auf völlig anderen Wegen zu den gleichen Ergebnissen kommt wie die Homöopathie. Und Hahnemann sollte die gebührende Anerkennung dafür zuteil werden, die heutigen Erkenntnisse der Wissenschaft um mehr als hundert Jahre vorweggenommen zu haben.

Der heutige Medizinbetrieb kann der Homöopathie eine gewisse Anerkennung nicht vorenthalten. Aber erst wenn allgemein verstanden wird, daß die gesamte von Allopathen durchgeführte moderne Forschung den Beweis für die Richtigkeit der Hahnemannschen Gesetze erbringt, dann erst wird die Homöopathie als jene wundervolle Wissenschaft Anerkennung finden, die sie in der Tat ist.

Die Mitglieder Ihrer Gesellschaft haben allen Grund stolz darauf zu sein, daß sie einer Gruppe von Pionieren angehören. Achten Sie also darauf, daß Sie nicht um ein Jota von den grundlegenden Gesetzen abweichen, die der Begründer Ihrer Schule entdeckt hat. Denn die Wissenschaft zeigt, daß er recht gehabt hat – das Ähnlichkeits-Prinzip des Heilmittels, die einmalige Dosis und die Gefahr voreiliger Dosis-Wiederholungen.

Zwischen der alten und der neuen Homöopathie wird es zu einem Kampf kommen. Tragen Sie Sorge dafür, daß die alte Schule die ihr gebührende Anerkennung findet, daß ihre Standards nicht verwässert werden und daß sie nicht von den Fluten der Wissenschaft davongeschwemmt wird, die ja in Wirklichkeit ohnehin im Kielwasser Hahnemanns segelt.«

Ich wünschte, ich könnte Ihnen bereits heute statt der sieben Bakteriengruppen sieben Heilpflanzen vorstellen. Denn es scheint so, daß viele Menschen eine Abneigung gegenüber Arzneien empfinden, die so eng mit der Krankheit selbst zusammenhängen. Dieser Standpunkt ist vielleicht ebenso engstirnig wie unser Bestreben nach steriler Reinheit in der Medizin, aber vielleicht ist diese Haltung ja eine Reaktion auf die im Mittelalter verbreiteten Praktiken und die heute üblichen Vivisektionen. Überdies ist es durchaus möglich, daß die Organismen, die wir verwenden, gar nicht pathogen, sondern vielmehr wohltätig in ihrer Wirkung sind.

Wir unternehmen jegliche nur denkbare Anstrengung, um die bakteriellen Nosoden durch pflanzliche Mittel zu ersetzen, und haben tatsächlich in einigen Fällen bereits die genaue Entsprechung gefunden.

So ist beispielsweise das *Ornithogalum* in seinem Schwingungsverhalten fast identisch mit der *Morgan*-Gruppe. Auch haben wir eine Meerespflanze entdeckt, die fast alle Eigenschaften des *Dysenterie*-Typus aufweist. Eines bereitet uns allerdings erhebliches Kopfzerbrechen und blockiert zur Zeit noch völlig die Substituierung der bakteriellen Nosoden – und dieser entscheidende Punkt ist die Frage der Polarität.

Wenn man die Heilmittel des Waldes und der Flur potenziert, so weisen sie eine positive Polarität auf. Jene Substanzen indessen, die in enger Verbindung mit den verschiedenen Krankheitszuständen stehen, gehören dem entgegengesetzten Typ an. Gegenwärtig spricht alles dafür, daß dieses umgekehrte Polaritätsverhalten ursächlich ist für die guten Ergebnisse, die wir mit Hilfe der bakteriellen Nosoden erzielen. Vielleicht wird aber ja irgendwann in der Zukunft einmal ein neues Potenzierungsverfahren entwickelt, das es uns gestattet, die Polarität einfacher Elemente und Pflanzen umzukehren, aber bis zu diesem Zeitpunkt haben wir keine Alternative.

Die heilsame Wirkung dieser Nosoden wird heute international anerkannt, und die therapeutischen Erfolge, die wir tagtäglich mit ihrer Hilfe erzielen, sind so enorm, daß wir der Menschheit die entsprechenden Wohltaten nicht vorenthalten sollten, bis wir eines Tages vielleicht einmal über eine Methode zur Bekämpfung der Hahnemannschen Psora verfügen, die allen ästhetischen Ansprüchen genügt. Viel wichtiger ist, daß unsere derzeitige Arbeit als Fortsetzung des Hahnemannschen Wirkens Anerkennung findet und als Stufe auf dem Weg zu weiteren Entdeckungen. Die Fortschritte, die wir auf diesem Weg erzielen, sollten von der homöopathischen Schule kritisch beobachtet und gelenkt und nicht dem Mißbrauch durch Menschen preisgegeben werden, die den fundamentalen Prinzipien ahnungslos gegenüberstehen, auf denen dieses Heilverfahren beruht.

An dieser Stelle sei noch darauf hingewiesen, daß drei der auf Seite 58 erwähnten Pflanzen *Mimulus, Impatiens* und *Clematis* sind. In diesen frühen Jahren bereitete Bach die Heilmittel noch homöopathisch, und erst als er später die Sonnen- und die Kochmethode zur Potenzierung entwickelt hatte, konnte er auch das Problem lösen, das bis dahin die Polarität dargestellt hatte.

Edward Bachs Theorie der Persönlichkeitstypen

In dem folgenden Text erläutert Nora Weeks den Zusammenhang zwischen den Darm-Nosoden und den sieben Persönlichkeitstypen. Als Edward Bach die bakteriellen Nosoden durch die Blütenessenzen ersetzte, ordnete er die einzelnen Gruppen von Essenzen je einem der sieben von ihm entdeckten Persönlichkeitstypen zu. Von Nora Weeks wissen wir, wie froh Bach war, als er feststellte, daß das Persönlichkeitsbild seiner Patienten ihm für die Nosoden-Therapie wichtigere Hinweise lieferte als sämtliche klinischen Tests – denn diese Entdeckung bestätigte seine Theorie, derzufolge es zwischen der Grundeinstellung und dem Temperament eines Menschen auf der einen und seinen organischen Problemen auf der anderen Seite einen unleugbaren Zusammenhang gibt.

»Das Jahr 1928 war für Edward Bach deshalb von besonderer Bedeutung, weil er in diesem Jahr mit seinen Forschungen in Neuland vordrang. Er verbrachte jeden Augenblick, in dem er sich aus seiner Praxis und von seiner Tätigkeit im Labor freimachen konnte, in der freien Natur und suchte dort nach Pflanzen und Kräutern, durch die er die sieben bakteriellen Nosoden zu ersetzen hoffte. Eines Abends machte er zwei grundlegende Entdeckungen über das Wesen, die Ursache und die Wirkung von Krankheit. Er nahm an diesem Abend an einem Diner in einem großen Bankettsaal teil. Doch er fühlte sich in dieser Umgebung nicht sonderlich wohl. Um sich die Zeit zu vertreiben, betrachtete er die Menschen um sich herum. Plötzlich wurde ihm klar, daß man die gesamte Menschheit offenbar in Gruppen klar zu definierender Typen einteilen kann und daß jeder einzelne der zahlreichen in dem Festsaal anwesenden Menschen der einen oder anderen dieser Gruppen angehörte. Den Rest des Abends verbrachte Bach damit, alle Anwesenden genau zu beobachten: Er registrierte, wie die einzelnen Gäste aßen, wie sie lächelten und ihren Kopf bewegten;

er betrachtete ihre Körperhaltung, den Ausdruck ihres Gesichtes und registrierte, sofern die betreffenden Menschen sich in seiner unmittelbaren Umgebung befanden, genau den Tonfall ihrer Stimme.

Diese Tätigkeit fesselte ihn restlos. Und als das Diner schließlich vorüber war, hatte er im Geist bereits eine Reihe von Gruppen gebildet und war nun innerlich damit beschäftigt, diese mit seinen sieben Bakteriengruppen zu vergleichen. Er machte sich Gedanken darüber, ob sich seine Gruppentheorie auf die verschiedenen Erscheinungsformen von Krankheit und Heilung anwenden ließe. Er überlegte, ob es wohl zwischen den Krankheiten, unter denen die Personen der gleichen Gruppe zu leiden haben, auch charakteristische Übereinstimmungen gäbe.

Dann hatte er die Eingebung, daß nicht bestimmte Krankheiten für die Angehörigen einer jeden Typengruppe charakteristisch sein könnten, sondern daß vielmehr die Angehörigen einer jeden Gruppe, unter welcher Krankheit sie auch immer leiden mögen, in gleicher oder sehr ähnlicher Weise auf sie reagieren müßten.

Von diesem Zeitpunkt an beobachtete er jeden Patienten, der zu ihm kam, auf das genaueste. Er notierte alle Persönlichkeitsmerkmale, alle Stimmungen, jede Reaktion auf die Krankheit, alle Eigenheiten und kleinen Gewohnheiten. Und dann verschrieb er auf der Grundlage dieser Indikationen seine Nosoden. Die Erfahrungen waren so positiv, daß er sich auf seinem Weg bestätigt fühlte. Jetzt war die Zeit gekommen, die Pflanzen und Kräuter zu finden, die den Patienten selbst wirklich heilen würden.

Nora Weeks

Teil II
Die mittleren Jahre
(1929–1934)

»Er gab jeden Pfennig, den er verdiente, für seine Forschungsarbeit aus und suchte auf wissenschaftlichem Weg ein Heilverfahren für jegliche Krankheit, besonders für die sogenannten »unheilbaren« Krankheiten. Als sich diese Versuche als eine Sackgasse erwiesen, gab er seine Arbeit und wissenschaftlichen Engagements in London auf und zog aufs Land, wo er eine neue Heilmethode und neue Heilmittel unter den von Gott bereitgestellten Kräutern des Feldes zu entdecken hoffte.«

NORA WEEKS

In den nächsten fünf Jahren führten seine Arbeiten Edward Bach durch ganz England und Wales – von Abersoch nach Sussex und vom West Country nach East Anglia. Im Winter ließ er sich jeweils in Cromer an der Nordküste von Norfolk nieder, wo er in seiner Praxis Patienten mit den von ihm entdeckten Blütenmitteln behandelte. Zu dieser Zeit verfügte er lediglich über zwölf Mittel, die er als die »Zwölf Heiler« bezeichnete. In diesem frühen Stadium glaubte er noch, daß sämtliche vorherrschenden Gefühlszustände und Persönlichkeitstypen einem der »Zwölf Heiler« zuzuordnen seien. Im Laufe der Zeit mußte er dann jedoch feststellen, daß er in bestimmten Fällen mit diesen Essenzen nicht helfen konnte, und so setzte er seine Suche fort.

In diesen mittleren Jahren, also zwischen 1929 und 1934, entstanden auch seine Schriften über die Blütenessenzen. Seine Philosophie und die zwölf Blütenmittel stellte Edward Bach erstmals in seiner Schrift *Befreie dich selbst* vor, auf die dann später *Heile dich selbst* und *Die Zwölf Heiler* folgten.

Der Text *Ihr leidet an euch selbst* ist der Nachdruck eines Vortrags, den er vor einem Forum homöopathischer Ärzte gehalten hatte. Man hat oft von Edward Bach gesagt, er sei seiner Zeit weit voraus gewesen; ebenso hat man seine Blütenessenzen häufig als Medizin der Zukunft bezeichnet. In *Ihr leidet an euch selbst* beschreibt Bach seine Vision vom Krankenhaus der Zukunft und von den Ärzten einer neuen Zeit.

Befreie dich selbst

DIE MITTLEREN JAHRE (1929–1934)

Vorbemerkung

Es ist eitel, die Wahrheit in Worte fassen zu wollen. Dem Autor dieses Buches liegt es fern zu predigen – ja, er hegt gegenüber dieser Methode der Wissensvermittlung sogar eine ausgewachsene Abneigung. Auf den folgenden Seiten hat er versucht, uns so klar und einfach wie möglich den Sinn unseres Daseins aufzuzeigen, uns zu erklären, wie wir mit unseren Schwierigkeiten umgehen sollten, und die Mittel zu benennen, durch die wir unsere Gesundheit zurückgewinnen. Ja, im Grunde genommen können wir den folgenden Ausführungen entnehmen, was wir tun müssen, damit jeder einzelne von uns sein eigener Arzt zu werden vermag.

BEFREIE DICH SELBST (1932)

Inhalt

I. Sie ist so einfach, die Geschichte des Lebens. 68

II. Gesund sein heißt mit der eigenen Seele in Einklang stehen. 70

III. Unsere Seele ist vollkommen. Seien wir Kinder des Schöpfers, 72 dann ist alles, was unser Herz uns zu tun aufträgt, zu unserem Besten.

IV. Folgten wir unseren Instinkten, unseren wahren Wünschen, 73 unserem wahren Verlangen, unseren eigenen Gedanken, so würden wir nichts kennenlernen als Freude und Gesundheit.

V. Es ist die Einmischung anderer Menschen, die uns hindert, auf 76 die Befehle unserer Seele zu lauschen, und so entstehen Disharmonie und Krankheit. Sobald ein Gedanke eines anderen Menschen in unseren Geist Einlaß findet, verlieren wir unseren Kurs.

VI. Wir müssen nichts tun als unsere Persönlichkeit erhalten, unser 78 eigenes Leben leben, auf unserem eigenen Schiff Kapitän sein, und alles wendet sich zum Guten.

VII. Sobald wir unserer Göttlichkeit inne werden, ist alles übrige 82 ganz einfach.

VIII. Heilende Kräuter sind all jene, deren innere Kraft uns dabei 83 hilft, unserer Persönlichkeit gemäß zu leben.

IX. Die wahre Natur von Krankheit 84

X. Um Freiheit zu gewinnen, Freiheit gewähren. 85

XI. Heilung 87

Die mittleren Jahre (1929–1934)

Befreie dich selbst

I. Sie ist so einfach, die Geschichte des Lebens.

Ein kleines Mädchen hat beschlossen, rechtzeitig zum Geburtstag seiner Mutter ein Bild von einem Haus zu malen. In ihrem kleinen Kopf hat das Mädchen das Bild bereits fertiggestellt; sie weiß bis ins Detail genau, wie das Haus aussehen soll, sie muß diese Vorstellung nur noch zu Papier bringen.

Das Bild wird tatsächlich rechtzeitig zum Geburtstag fertig. Das Kind hat seine Idee nach besten Kräften in die Tat umgesetzt. Und tatsächlich ist dabei ein Kunstwerk herausgekommen, denn auf dem Bild stammt wirklich alles von dem Kind, jeder Pinselstrich ist Ausdruck seiner Liebe zur Mutter, jedes Fenster, jede Tür ist in der Überzeugung gemalt, genau dort hinzugehören. Und selbst wenn das ganze eher aussieht wie eine Scheune, so handelt es sich gleichwohl um das vollkommenste Haus, das je gemalt worden ist. Das Bild ist gelungen, weil die kleine Künstlerin ihr ganzes Herz und ihre ganze Seele in die Ausführung eingebracht hat.

Das ist ein Beispiel von Gesundheit, von Gelingen, von Glück und Dienstbereitschaft – eines Dienens in Liebe und völliger Freiheit gemäß den eigenen innersten Wesenskräften.

Und so treten wir in diese Welt ein, wohlwissend, welches Bild wir malen sollen, und mit einer Landkarte ausgestattet, auf der unser Weg durchs Leben bereits verzeichnet ist. Unsere einzige Aufgabe besteht nun darin, die in unserem Geist angelegten Formen auf unserem Erdenweg in eine lebendige Gestalt zu verwandeln. Wir schreiten voll Freude und Interesse dahin und richten all unsere Aufmerksamkeit auf die Vervollkommnung dieses Bildes und versuchen unsere eigenen Gedanken und Ziele, so gut wir eben können, in die volle Wirklichkeit der von uns gewählten Umgebung zu übertragen.

Sofern wir nun von Anfang bis Ende unseren eigenen Idealen und unserem tiefsten Verlangen nach besten Kräften treu bleiben, so können wir nicht fehlgehen, vielmehr wird sich unser Leben unter solchen Umständen als grandioser Erfolg erweisen – als gesundes und glückhaftes Gelingen.

Die obenerwähnte Geschichte von dem malenden Kind kann auch hier wieder als Gleichnis dienen. Falls wir es zulassen, werden die Schwierigkeiten des Lebens unser Gelingen, unser Glück und unsere Gesundheit zunichte machen und uns von der Verfolgung unseres wahren Daseinszwecks abhalten.

Während das Kind glücklich in seine Malerei versunken ist, kommt jemand daher und sagt: »Wenn du hier ein Fenster und dort eine Tür malst, dann wird das Bild viel schöner. Und natürlich sollte der Gartenweg so verlaufen.« Das Ergebnis wird schlicht sein, daß das kleine Mädchen jegliches Interesse an seiner Arbeit verliert. Vielleicht malt sie sogar weiter, aber sie bringt nun nicht mehr ihre eigenen Ideen zu Papier. Vielleicht reagiert sie aber auch verärgert und irritiert, oder sie hat Angst, diese Vorschläge zurückzuweisen. Vielleicht kann sie das Bild jetzt nicht mehr ausstehen, oder sie zerreißt es in tausend Stücke. Letztendlich hängt die Reaktion davon ab, welchem Typ das Kind angehört.

Möglicherweise stellt das kleine Mädchen das Bild aber auch fertig. Zwar ist das Haus deutlich als solches zu erkennen, dennoch fehlt dem Bild irgend etwas, weil darauf nämlich nicht die Ideen des Kindes, sondern fremde Gedanken dargestellt sind. Es erfüllt auch seinen Zweck als Geburtstagsgeschenk nicht mehr, vielleicht wird es nicht einmal rechtzeitig fertig, so daß die Mutter ein weiteres Jahr auf ihr Geschenk warten muß.

Ähnlich verhält es sich mit den Krankheiten, die man durchaus als Reaktion auf Einmischungen von außen deuten könnte. Solche Übergriffe machen uns unglücklich und führen uns geradewegs in den Mißerfolg. Und dazu kommt es, wenn wir anderen gestatten, in unseren ureigenen Lebenszweck hineinzupfuschen und in unserer Seele die Saat des Zweifels, der Furcht oder der Gleichgültigkeit zu pflanzen.

II. Gesund sein heißt mit der eigenen Seele in Einklang stehen.

Es ist von ganz entscheidender Bedeutung, daß wir die Begriffe »Gesundheit« und »Krankheit« richtig verstehen.

Gesundheit ist unser wahres Erbe, auf das wir ein Anrecht haben. Sie entspricht dem Zustand der vollständigen Einheit von Seele, Geist und Körper. Und dieser Zustand ist nicht etwa ein fernes, kaum je zu erreichendes Ideal, sondern er liegt vielmehr zum Greifen nah und wird genau aus diesem Grund so häufig übersehen.

Alle irdischen Dinge sind lediglich Erscheinungsformen der spirituellen Wirklichkeit. Noch den unscheinbarsten Geschehnissen liegt ein göttlicher Plan zugrunde.

Jeder von uns hat in dieser Welt einen göttlichen Auftrag zu erfüllen, und unsere Seele bedient sich unseres Geistes und unseres Körpers, um dieser Aufgabe gerecht zu werden. Wenn alle drei Aspekte unseres Wesens in Einklang miteinander arbeiten, so sind vollkommene Gesundheit und ungetrübtes Glück die Folge.

Dieser göttliche Auftrag verlangt von uns nicht einmal ein Opfer, also keinen Rückzug aus der Welt, keine Zurückweisung der Freuden und der Schönheit der Natur. Ganz im Gegenteil, dieser Auftrag erst macht es möglich, daß wir uns aller Dinge uneingeschränkt erfreuen können. Er verlangt von uns, das Haus in Ordnung zu halten, die Felder zu bewirtschaften, zu malen und zu musizieren und unseren Mitmenschen im Geschäftsleben und überall sonst zu Diensten zu sein. Und wenn wir diese Aufgabe – worin sie auch bestehen mag – von ganzem Herzen lieben, so erweist sie sich als höchstes Gebot unserer Seele, als jenes Werk, das wir in dieser Welt zu verrichten haben und in dem allein wir unser wahres Selbst zum Vorschein bringen können. Denn hinter allem, was wir in der materiellen Welt tun, verbirgt sich jenes wahre Selbst.

Wir können deshalb an unserem Gesundheitszustand und an dem Grad unserer Zufriedenheit ablesen, wie gut wir diese Botschaft verstanden haben.

In dem vollkommenen Menschen sind alle spirituellen Möglichkeiten angelegt, und wir kommen in diese Welt, um sie eine nach der anderen zum Vorschein zu bringen, damit keine Erfahrung und keine Schwierigkeit uns davon abbringt, unseren Lebenszweck zu erfüllen. Wir erwählen uns den irdischen Beruf und die Lebensumstände, die uns am meisten Gelegenheit bieten, uns selbst der Prüfung zu stellen. Wir treten in vollster Kenntnis unserer konkreten Aufgabe in diese Welt. Wir treten mit dem unbegreiflichen Privileg in dieses Dasein, schon von vornherein zu wissen, daß alle unsere Schlachten bereits gewonnen sind, bevor sie auch nur begonnen haben, daß der Sieg schon gewiß ist, bevor es zur Entscheidung kommt. Denn wir wissen, daß wir als Kinder des Schöpfers göttlichen Ursprungs und unbesiegbar sind. Wenn wir in diesem Bewußtsein leben, so ist das Dasein eine Freude. Alle Härten und Rückschläge des Lebens lassen sich auch als Abenteuer betrachten, denn wir müssen nur unserer Energie gewahr werden und unserem göttlichen Ursprung treu bleiben, dann lösen sich alle Schwierigkeiten auf wie Nebel im Sonnenlicht. Gott hat seine Kinder in der Tat zur Herrschaft über alle Dinge bestimmt.

Falls wir nur genau hinhören, so wird unsere Seele uns in jeder Situation und in allen Schwierigkeiten den Weg weisen. Und ein Körper und ein Geist, die unter solcher Führung stehen, verströmen reinstes Glück und vollkommenste Gesundheit und erscheinen so sorglos wie ein vertrauensvolles kleines Kind.

III. Unsere Seele ist vollkommen. Seien wir Kinder des Schöpfers, dann ist alles, was unser Herz uns zu tun aufträgt, zu unserem Besten.

Gesundheit ist gleichbedeutend mit der Erkenntnis und Verwirklichung dessen, was wir ohnehin schon sind: Wir sind Gotteskinder.

Wie überflüssig ist alles Streben nach dem, was wir sowieso bereits besitzen. Wir sind lediglich hier, um die Vollkommenheit, die uns schon am Anfang aller Zeit zuteil geworden ist, in materieller Gestalt zur Erscheinung zu bringen. Die Gesundheit untersteht bedingungslos der Befehlsgewalt unserer Seele. Deshalb kommt alles darauf an, daß wir vertrauensvoll sind wie kleine Kinder und daß wir die Ansprüche des Intellekts (dieser Frucht vom Baum der Erkenntnis, der wir unser Wissen um Gut und Böse verdanken) mit seinem »Für« und »Wider« und seinen Zukunftsängsten zurückweisen, daß wir die Konventionen geringachten, die trivialen Ideen und Erwartungen anderer Menschen. Nur so können wir unberührt und unverletzt durchs Leben gehen und die Freiheit gewinnen, unseren Mitmenschen zu dienen.

Unser Gesundheitszustand läßt sich ablesen von dem Grad unserer Zufriedenheit, und der Grad dieser Zufriedenheit wiederum hängt davon ab, inwieweit wir den Befehlen unserer Seele Folge leisten. Deshalb brauchen wir nicht Mönch oder Nonne zu werden oder uns vor der Welt zu verbergen. Die Welt ist einzig dazu da, daß wir uns an ihr erfreuen und daß wir dienen, und nur wenn unsere Dienstbereitschaft aus Liebe und Erfülltheit erwächst, sind wir wirklich zu etwas nütze und können unser Bestes geben. Wenn wir uns in unserem Handeln hingegen allein von unserem Pflichtgefühl leiten lassen und dabei vielleicht sogar noch gereizt und unduldsam auftreten, so ist dies alles völlig wertlos. Wer sich so verhält, der verschwendet lediglich kostbare Zeit, die er seinen hilfsbedürftigen Mitmenschen vorenthält.

Die Wahrheit braucht man nicht zu analysieren, zum Gegenstand von Streitigkeiten zu machen oder in eine Flut von Worten einzuhüllen. Sie leuchtet vielmehr in uns auf wie ein Blitz, denn sie ist ein Teil von uns. Es sind nur die unwesentlichen – nämlich die komplizierten – Dinge des Lebens, die viel Überzeugungsarbeit verlangen und die Entwicklung des Intellekts vorantreiben.

Die Dinge, auf die es ankommt, sind einfach: Sie sind von solcher Art, daß wir bei den entsprechenden Gelegenheiten bisweilen sagen: »So ist das also. Ich habe das Gefühl, das hätte ich schon immer gewußt.« Das gleiche gilt für die Erkenntnis des Glücks, das zu uns kommt, wenn wir uns mit unserem spirituellen Selbst in Einklang befinden, und je größer die Harmonie mit diesem Selbst, um so tiefer die Freude. Denken Sie nur an den Strahlenglanz, der so manche Braut am Morgen ihres Hochzeitstages umgibt. Oder stellen Sie sich die Hingerissenheit vor, mit der eine Mutter ihr neugeborenes Baby betrachtet, oder die Ekstase, in die ein Künstler angesichts der Vollendung eines Meisterwerks verfällt. Das sind wahrhaft Augenblicke höchster spiritueller Einheit.

Stellen Sie sich nur vor, wie wundervoll es wäre, wenn wir unser Leben in einem Zustand solcher Freude verbringen würden! Und das ist möglich, wenn wir uns selbst in dem großen Werk verlieren, das uns in diesem Leben aufgetragen ist.

IV. Folgten wir unseren Instinkten, unseren wahren Wünschen, unserem wahren Verlangen, unseren eigenen Gedanken, so würden wir nichts kennenlernen als Freude und Gesundheit.

Auch ist es für den Menschen bei weitem nicht so schwer, wie man vielleicht meinen könnte, die Stimme der eigenen Seele zu hören. Es ist uns alles so leicht gemacht worden, wir müssen diese Stimme nur zur Kenntnis nehmen. Einfachheit ist der Grundton der ganzen Schöpfung.

Die mittleren Jahre (1929–1934)

Unsere Seele (die stille, kleine Stimme in uns, Gottes Stimme) spricht zu uns durch unsere Intuition, unsere Instinkte, unsere Wünsche, Ideale, unsere alltäglichen Vorlieben und Abneigungen; sie spricht zu uns in der Sprache, die wir am leichtesten verstehen. Wie sonst sollte Er zu uns sprechen? Unsere wahren Instinkte, Wünsche, Vorlieben und Abneigungen sind dazu bestimmt, uns die spirituellen Befehle unserer Seele mit Hilfe unserer begrenzten sinnlichen Wahrnehmungen verständlich zu machen. Denn viele Menschen sind noch nicht in der Lage, mit ihrem Höheren Selbst unmittelbar in Kontakt zu treten. Dessen Weisungen sollten wir bedingungslos Folge leisten, denn einzig unsere Seele weiß, welche Erfahrungen für uns wichtig sind. Wie immer eine solche Weisung auch beschaffen sein mag – trivial oder von höchster Bedeutung –, ob es sich um den Wunsch nach einer weiteren Tasse Tee oder um eine völlige Umstellung sämtlicher Lebensgewohnheiten handelt, wir sollten den entsprechenden Impulsen bereitwillig gehorchen. Die Seele weiß, daß einzig Wunschbefriedigung all das zu heilen vermag, was wir in dieser Welt als sündhaft und falsch ansehen, denn solange unser ganzes Sein gegen eine bestimmte Verhaltensregel revoltiert, wird der betreffende Fehler nicht ausgemerzt, schlummert vielmehr in uns weiter. Und deshalb ist es beispielsweise auch besser, den Finger so lange immer wieder in das Marmeladenglas zu stecken, bis man die Marmelade nicht mehr sehen kann und diese keinerlei Verlockung mehr darstellt.

Wir dürfen die Wünsche und Sehnsüchte unseres wahren Selbst – das häufig auch als Gewissen bezeichnet wird – nicht mit jenen Wünschen und Sehnsüchten verwechseln, die andere uns eingepflanzt haben. Wir dürfen uns nicht darum kümmern, wie die Welt unser Tun beurteilt. Unsere Seele allein ist für unser Wohl verantwortlich, unser Ansehen ist bei Ihm gut aufgehoben. Wir können ganz sicher sein, daß es nur eine Sünde gibt, nämlich den Weisungen unseres göttlichen Ursprungs den Gehorsam zu verweigern. Das ist die Sünde gegen Gott und unseren Nächsten. Unsere wahren Wünsche, Empfindungen und Sehnsüchte sind niemals egoistisch. Sie gehen nur uns etwas an und sind für uns stets richtig; außerdem machen sie uns an Leib und Seele gesund.

Krankheit ist der organische Niederschlag unserer Weigerung, uns der Führung durch unsere Seele zu überlassen. Sie stellt sich ein, wenn wir für »die stille, kleine Stimme in uns« taub sind und unseren göttlichen Ursprung vergessen, wenn wir versuchen, anderen unsere Wünsche aufzuzwingen, oder uns von ihren Vorhaltungen, Gedanken und Befehlen beeinflussen lassen.

Je mehr wir uns von äußeren Einflüssen zu befreien vermögen, von den Meinungen und Einflüsterungen anderer Menschen, um so leichter können wir an Seinem Werk mitwirken.

Egoistisch sind wir immer dann, wenn wir versuchen, einen anderen Menschen unserer Kontrolle und Herrschaft zu unterwerfen. Aber die Welt behauptet immer wieder, daß es selbstsüchtig sei, wenn wir uns von unseren eigenen Wünschen und Sehnsüchten leiten lassen. Dies ist deshalb der Fall, weil die Welt uns versklaven möchte. Tatsächlich indes vermögen wir nur dann zum Wohl der Menschheit etwas beizutragen, wenn wir unser wahres Selbst ungehindert zum Ausdruck bringen können. Shakespeare hat eine große Wahrheit ausgesprochen, als er schrieb: »Sei treu ergeben deinem eig'nen Selbst, und es muß folgen wie die Nacht dem Tag, so kannst du keinem anderen Unrecht tun.«

Indem sich die Biene eine Blüte auswählt, um daraus Honig zu saugen, erfüllt sie ihre Bestimmung für das Leben weiterer Pflanzengenerationen.

V. Es ist die Einmischung anderer Menschen, die uns hindert, auf die Befehle unserer Seele zu lauschen, und so entstehen Disharmonie und Krankheit. Sobald ein Gedanke eines anderen Menschen in unseren Geist Einlaß findet, verlieren wir unseren Kurs.

Gott gibt jedem von uns sein Geburtsrecht und eine unverwechselbare Individualität. Er hat jedem von uns eine bestimmte Aufgabe gestellt, die nur dieser eine Mensch erfüllen kann. Er hat jedem von uns einen Weg gewiesen, den wir unbeirrbar zu beschreiten haben, ohne uns durch irgend etwas daran hindern zu lassen. Deshalb ist es unsere Pflicht, daß wir nicht nur anderen jede Einmischung in unsere Angelegenheiten verwehren, sondern – was noch wichtiger ist – unter gar keinen Umständen anderen Menschen Vorschriften machen. Dies allein gewährleistet wahre Gesundheit, wahre Dienstbereitschaft und die Erfüllung des Daseinszwecks.

Zu Einmischungen von außen kommt es in jedem Leben, ja diese Störungen sind sogar Bestandteil des göttlichen Plans. Denn sie sind nötig, damit wir lernen, uns gegen sie zu erheben. Tatsächlich können wir sie sogar als wahrhaft nützliche Hindernisse auffassen, die uns lediglich helfen sollen, stark zu werden und unseren göttlichen Ursprung und unsere Unbezwingbarkeit zu erkennen. Im übrigen ist es leicht zu verstehen, daß sie nur dann an Wichtigkeit gewinnen und unsere Entwicklung zu blockieren drohen, wenn wir zulassen, daß sie uns einschüchtern.

Es liegt allein bei uns, wie rasch wir vorwärtsschreiten und ob wir uns bei der Ausführung unseres göttlichen Auftrags stören lassen. Und auch darüber entscheiden wir ganz allein: ob wir es hinnehmen, daß Störungen (beziehungsweise Krankheiten) in uns die Oberhand gewinnen und unseren Körper einschnüren und ihm Kraft rauben, oder ob wir als Kinder Gottes solche Eingriffe dazu verwenden, uns in unserem Daseinszweck nur um so mehr zu behaupten.

Je größer die offenkundigen Schwierigkeiten auf unserem Weg sich auftürmen, um so gewisser können wir sein, daß unsere Lebensaufgabe die entsprechenden Anstrengungen wert ist. Florence Nightingale setzte ihr Ideal gegen den Widerstand einer ganzen Nation durch. Galilei war davon überzeugt, daß die Erde eine Kugel sei, obwohl die ganze Welt glaubte, sie sei eine Scheibe. Und das häßliche Entlein wuchs – von der ganzen Familie verachtet – zum Schwan heran.

Wir haben keinerlei Recht, uns in das Leben auch nur eines anderen Menschen einzumischen. Jeder von uns hat seine eigene Aufgabe zu erfüllen, und wir verfügen über die Kraft und das Wissen, die nötig sind, um diesen Auftrag ganz zu erfüllen. Erst wenn wir dies vergessen und versuchen, unsere Arbeit jemand anderem aufzubürden, oder wenn wir uns von anderen in unsere Angelegenheiten hineinpfuschen lassen, erst dann kommt es in unserem Dasein zu Reibungen und Mißklängen.

Diese »Krankheit« genannte Disharmonie tritt in unserem Körper in Erscheinung, denn unser Körper ist das Spiegelbild unserer Seele. Das beweisen ja auch das Lächeln, das auf unserem Gesicht erscheint, wenn wir glücklich sind, und die Falten, die unsere Stirn zerfurchen, wenn uns etwas nicht paßt. Das gleiche gilt natürlich auch im großen: Im Körper treten in Gestalt von Störungen des Gewebes und der Organsysteme die wahren Ursachen von Krankheit zutage (etwa Furcht, Unentschlossenheit, Zweifel etc.).

Krankheit wird deshalb durch auf den Organismus einwirkende Störungen verursacht – durch störende Eingriffe anderer Menschen in unser Leben oder durch Eingriffe in das Leben anderer Menschen, die wir selbst uns anmaßen.

VI. Wir müssen nichts tun als unsere Persönlichkeit erhalten, unser eigenes Leben leben, auf unserem eigenen Schiff Kapitän sein, und alles wendet sich zum Guten.

Es gibt bedeutende menschliche Eigenschaften, die wir alle uns Schritt für Schritt aneignen müssen, wobei wir uns nach Möglichkeit zu einem gegebenen Zeitpunkt auf ein oder zwei davon konzentrieren sollten. Es handelt sich dabei um jene Qualitäten, wie sie uns all die großen Meister vorgelebt haben, die von Zeit zu Zeit auf dieser Erde in Erscheinung getreten sind, um uns zu lehren und uns dabei zu helfen, die leichten und einfachen Wege zu erkennen, auf denen wir all unsere Schwierigkeiten überwinden können.

Solche Fähigkeiten sind beispielsweise:

LIEBE	VERSTÄNDNIS
MITGEFÜHL	TOLERANZ
FRIEDFERTIGKEIT	WEISHEIT
UNERSCHÜTTERLICHKEIT	VERSÖHNUNGSBEREITSCHAFT
SANFTMUT	MUT
STÄRKE	FRÖHLICHKEIT.

Wenn wir diese Eigenschaften in uns zur Vollkommenheit bringen, so helfen wir auch dabei, die ganze Welt auf ihrem Weg zu ihrem unvorstellbar glorreichen Ziel einen Schritt weiterzubringen. Wir begreifen dann plötzlich, daß es nicht darum geht, für uns selbst einen kleinen persönlichen Vorteil zu erhaschen, sondern daß jedem Menschen, ob reich oder arm, mächtig oder ohnmächtig, im göttlichen Heilsplan die gleiche Bedeutung zukommt. Denn jeder einzelne von uns ist mit dem unschätzbaren Privileg ausgestattet, allein schon durch das Bewußtsein, ein Gotteskind zu sein, die ganze Welt zu erlösen.

Genau wie es die vorgenannten Stufen der Vollkommenheit gibt, existieren aber auch Hindernisse oder Störungen, an denen unsere unerschütterliche Entschlossenheit wachsen kann.

Diese Störfaktoren verursachen Krankheiten, und einige davon sind:

ZWANG	ZWEIFEL
FURCHT	FANATISMUS
RUHELOSIGKEIT	IGNORANZ
UNENTSCHLOSSENHEIT	UNGEDULD
GLEICHGÜLTIGKEIT	ENTSETZEN
SCHWÄCHE	KUMMER.

Sofern wir es zulassen, werden diese Faktoren im Körper ihre Spuren hinterlassen und das verursachen, was wir Krankheit nennen. Da wir die wahren Ursachen bisher nicht verstanden haben, haben wir diesen Zustand innerer Zwietracht auf äußere Einflüsse zurückgeführt – auf Mikroorganismen, auf Kälte, Hitze – und den resultierenden Zuständen Namen gegeben wir Krebs, Asthma usw. und uns eingebildet, daß Krankheit ihren Ursprung in unserem Körper habe.

Es gibt im übrigen Gruppen von klar definierbaren Menschentypen, die jeweils eine ganz konkrete Aufgabe gemeinsam haben, das heißt in der materiellen Welt eine bestimmte Lektion zu lernen haben. Jedes Mitglied einer solchen Gruppe zeichnet sich zugleich durch unverkennbar individuelle Züge aus, durch eine ganz eigene Aufgabe und durch eine ganz bestimmte Art und Weise, diese Aufgabe zu bewältigen. Im übrigen gibt es etliche Ursachen der Disharmonie, die – weil wir unserer konkreten Persönlichkeit und unserem Auftrag untreu werden – in Gestalt von Krankheiten auf unseren Körper einzuwirken vermögen.

Wahre Gesundheit ist gleichbedeutend mit Zufriedenheit und Glück, und dieses strahlende Wohlbefinden ist leicht zu erlangen, weil es identisch ist mit der Freude an den kleinen Dingen. Es bedarf dazu nichts weiter als der Möglichkeit, die Dinge zu tun, die wir gerne tun, und mit den Menschen beisammen zu sein, die wir aufrichtig mögen. Es bedarf keiner Anstrengung, keines Strebens nach dem Unerreichbaren, Gesundheit können wir erlangen, wann immer wir dies wünschen. Es wird von uns lediglich verlangt, daß wir die Aufgabe herausfinden und wahrnehmen, für die wir wirklich geeignet sind. So viele Menschen unterdrücken ihre wahren Bedürfnisse und finden im Leben nicht den für sie geeigneten Platz: Allein weil der Vater es wünscht, ergreift der Sohn vielleicht den Beruf eines Anwalts, eines Soldaten oder eines Geschäftsmanns, obwohl er doch eigentlich am liebsten Zimmermann geworden wäre. Oder allein weil eine Mutter ihre Tochter gut verheiraten möchte, verliert die Welt vielleicht eine zweite Florence Nightingale. Das in solchen Fällen zutage tretende Pflichtempfinden entspringt einer falschen Auffassung von Pflicht, denn es verweigert sich dem Dienst an der Welt, es führt direkt ins Unglück, und häufig ist der größte Teil des Lebens schon vorüber, bevor ein solcher Fehler korrigiert wird.

Es war einmal ein großer Meister, der sagte: »Wißt ihr nicht, daß ich mich um die Angelegenheiten meines Vaters zu kümmern habe?«. Womit er meinte, daß er seinem göttlichen Ursprung mehr zu gehorchen habe als seinen irdischen Eltern.

Suchen wir also im Leben nach der einen Aufgabe, von der wir uns am meisten angezogen fühlen, und verfolgen wir dieses Ziel dann mit unserer ganzen Kraft. Machen wir uns diese Aufgabe so sehr zu eigen, daß sie uns genauso in Fleisch und Blut übergeht wie das Atmen, daß wir sie so selbstverständlich erfüllen, wie die Biene ihren Honig sammelt oder der Baum im Herbst seine Blätter abwirft und im Frühjahr neues Laub hervorbringt. Wenn wir uns in der Natur umblicken, so erkennen wir, daß jedes Geschöpf – der Vogel, der Baum, die Blume – eine ganz bestimmte Funktion zu erfüllen, einen ganz konkreten Beitrag zu leisten hat und so das ganze Universum bereichert. Selbst der geringste Wurm, der seinem Alltagsgeschäft nachgeht, entwässert und reinigt die Erde. Und die Erde spendet die Nährstoffe, die die Pflanzen zum Wachsen brauchen. Und die Pflanzen wiederum ernähren uns Menschen und alle Lebewesen und reichern nach Ablauf ihrer Zeit den Boden wieder mit

Nährstoffen an. In deren Dasein gelangen Schönheit und Nützlichkeit zu reiner Harmonie, und die Aufgabe, die sie zu erfüllen haben, ist so eng mit ihrer Natur verknüpft, daß sie von ihrem Leben nicht zu unterscheiden ist.

Wenn wir unsere eigene Aufgabe dann erst einmal entdeckt haben, ist diese so sehr auf uns zugeschnitten, so sehr mit uns verwoben, daß sie uns keinerlei Mühe, sondern im Gegenteil sogar Freude bereitet. Wir werden ihrer nie überdrüssig, ja sie ist gleichsam unser Hobby. Sie bringt unsere wahre Persönlichkeit zum Vorschein, alle Talente und Fähigkeiten, die in jedem von uns der Erweckung harren. Diese Aufgabe erfüllt uns mit Glücksgefühlen und bietet uns eine Heimstatt, und nur wenn wir glücklich sind (das heißt den Weisungen unserer Seele Folge leisten), können wir wirklich unser Bestes geben.

Wer seine wahre Aufgabe gefunden hat, für den ist das Leben die reinste Freude! So mancher weiß von der Kindheit bis ins hohe Alter, was zu tun ihm bestimmt ist. Etliche jedoch haben dies zwar in der Kindheit gewußt, sind allerdings durch schlechte Ratgeber und die Umstände von ihrem Kurs abgebracht worden. Aber jeder von uns kann seine Ideale wiederfinden, und auch wenn es uns nicht gelingt, sie ohne Umschweife in die Tat umzusetzen, so können wir uns gleichwohl darum bemühen, und dieses Streben allein erfüllt uns mit Trost und neuem Mut, denn unsere Seele hat Engelsgeduld mit uns. Ein rechter Wunsch, ein rechtes Motiv, das ist alles, worauf es ankommt, das ist wahres Gelingen, egal was dabei herauskommt.

Wenn Sie also lieber Landwirt als Jurist, Friseur als Busfahrer oder Koch als Gemüsehändler wären, dann suchen Sie sich einen neuen Beruf. Seien Sie, was Sie sein möchten, dann werden Sie sich glücklich und wohl fühlen, dann werden Sie voll Begeisterung arbeiten, und dann werden Sie als Landwirt, Friseur, Koch wesentlich bessere Arbeit leisten als in einem Beruf, mit dem Sie innerlich nie etwas im Sinn gehabt haben. Und dann leisten Sie tatsächlich den Weisungen Ihres spirituellen Selbst Folge.

VII. Sobald wir unserer Göttlichkeit inne werden, ist alles übrige ganz einfach.

Am Anfang gab Gott dem Menschen die Herrschaft über alle Dinge. Die Disharmonie, unter der wir Menschen, Kinder des Schöpfers, leiden, hat wahrlich tiefere Ursachen als nur die Zugluft, die durch ein offenes Fenster hereinweht. Unsere »Schwäche liegt nicht in den Sternen, sondern in uns selbst«. Und besteht nicht aller Grund, dankbar und hoffnungsfroh zu sein – weil doch die Mittel zu unserer Gesundung ebenfalls in uns selbst liegen? Denn sobald wir die Disharmonie, die Furcht, die Kleinmütigkeit, die Unentschlossenheit aus uns verbannen, stellt sich zwischen unserer Seele und unserem Geist Harmonie von ganz alleine wieder ein, und unser Körper ist wieder in allen seinen Teilen vollkommen.

Egal unter welcher Krankheit wir infolge innerer Disharmonie auch leiden, eines ist ganz klar: Die Heilung steht in unseren Kräften, denn unsere Seele verlangt von uns nie mehr, als wir mühelos zu leisten imstande sind.

Jeder von uns ist ein Heiler, denn jeder von uns empfindet irgendwo in seinem Herzen Liebe für etwas, für seine Mitmenschen, für Tiere, für die Natur, für die Schönheit in all ihren Gestaltungen, und jeder von uns möchte diesen Gegenstand seiner Liebe beschützen und zu dessen Gedeihen beitragen. Auch empfinden wir alle Sympathie für Menschen, die zu leiden haben, und das ist auch ganz normal so, denn wir alle haben irgendwann in unserem Leben selbst schon einmal eine schwere Zeit durchgemacht. Und deshalb können wir nicht nur uns selbst heilen, sondern verfügen auch über die Fähigkeit, anderen dabei zu helfen, sich selbst zu heilen, und damit dies gelingt, brauchen wir nichts weiter aufzubieten als Liebe und Mitgefühl.

Als Kinder des Schöpfers tragen wir bereits jegliche Vollkommenheit in uns, und wir kommen allein deshalb in diese Welt, um den göttlichen Funken, der in uns glimmt, zum Leuchten zu bringen. Und daher sind alle Prüfungen und Erfahrungen, die im

Leben auf uns zukommen, letztendlich ohne Belang, denn dank dieser göttlichen Kraft in uns sind uns alle Dinge möglich.

VIII. Heilende Kräuter sind all jene, deren innere Kraft uns dabei hilft, unserer Persönlichkeit gemäß zu leben.

Genau wie Gott in seiner Gnade uns Nahrung zu essen gegeben hat, so hat er auch in Wald und Flur Kräuter wachsen lassen, die uns heilen, wenn wir krank sind. Diese Pflanzen kommen dem Menschen in jenen Stunden der Vergessenheit zur Hilfe, in denen er seinen göttlichen Ursprung aus den Augen verliert und dunkle Wolken der Furcht und des Schmerzes seinen Blick trüben.

Solche Pflanzen sind:

AGRIMONY	*(Agrimonia Eupatoria,* Odermennig),
CENTAURY	*(Erythraea Centaurium,* Tausendgüldenkraut),
CERATO	*(Ceratostigma Willmottiana,* Bleiwurz),
CHICORY	*(Cichorium Intybus,* Wegwarte),
CLEMATIS	*(Clematis Vitalba,* Gemeine Waldrebe),
GENTIAN	*(Gentiana Amarella,* Bitterer Enzian),
IMPATIENS	*(Impatiens Royalei,* Drüsentragendes Springkraut),
MIMULUS	*(Mimulus Luteus,* Gefleckte Gauklerblume),
ROCK ROSE	*(Helianthemum Vulgare,* Gemeines Sonnenröschen),
SCLERANTHUS	*(Scleranthus Annuus,* Einjähriger Knäuel),
VERVAIN	*(Verbena Officinalis,* Eisenkraut),
WATER VIOLET	*(Hottonia Palustris,* Sumpfwasserfeder).

Jede dieser Pflanzen entspricht einer der vorher genannten Charaktereigenschaften und bringt gerade diese Qualität besonders zur Geltung, so daß das betreffende Individuum die Chance erhält, einen Fehler abzulegen, der ihm besonders zu schaffen macht.

IX. Die wahre Natur von Krankheit

Für echte Heilung sind der Name und die Erscheinungsform der betreffenden Erkrankung ganz ohne Belang. Denn organische Erkrankungen sind lediglich Folge eines Mißklangs zwischen Seele und Gemüt. Sie sind nichts als Symptome dieser Ursache, und da ein und dieselbe Ursache sich je nach Individuum ganz unterschiedlich manifestiert, gilt es zunächst diese Ursache zu beheben; die Begleiterscheinungen verschwinden dann ganz von selbst.

Verdeutlichen läßt sich dieser Zusammenhang am besten am Beispiel des Selbstmords. Nicht alle Selbstmörder gehen ins Wasser. Manche springen von hohen Gebäuden, andere nehmen Gift – eines ist ihnen jedoch allen gemeinsam: Verzweiflung. Wenn wir ihnen helfen, diese Verzweiflung zu überwinden und jemanden oder etwas zu finden, wofür zu leben es sich lohnt, so sind sie dauerhaft geheilt. Ihnen hingegen das Gift wegzunehmen hilft nur für den Augenblick und schließt weitere Suizidversuche ganz und gar nicht aus. Auch Angst tritt bei verschiedenen Menschen in höchst unterschiedlichen Ausprägungen zutage: Der eine wird blaß, der andere läuft rot an, ein dritter reagiert hysterisch, und wieder ein anderer ist schlicht sprachlos. Wenn wir solchen Menschen hingegen die Ursachen ihrer Angst erklären und sie davon überzeugen, daß sie stark genug sind, alle Schwierigkeiten zu überwinden, dann gibt es nichts mehr, was ihnen Furcht einjagen könnte. Das Kind wird sich vor den Schatten an der Wand nicht mehr fürchten, sobald wir ihm eine Kerze in die Hand drücken und ihm zeigen, wie man die eben noch gespenstischen Schatten tanzen lassen kann.

Wir haben so lange für jedwede Krankheit Mikroorganismen, das Wetter oder unsere Ernährung verantwortlich gemacht. Aber warum sind dann so viele von uns gegen Grippe-Epidemien immun? Weshalb lieben dann manche einen frischen kalten Wind? Wieso können dann manche spät nachts Käse essen und schwarzen Kaffee in sich hineinschütten, ohne unter schlimmen

Folgen zu leiden? Nichts in der Natur wird uns schaden, wenn wir glücklich und in Einklang mit uns selbst leben – im Gegenteil, die ganze Natur ist dazu da, unseren Nutzen zu mehren und uns Freude zu bereiten. Erst wenn wir Gefühle des Zweifels, der Niedergeschlagenheit und der Unentschlossenheit in uns Raum geben, dann reagieren wir plötzlich auf äußere Einflüsse empfindlich. Die wahre Ursache sämtlicher Krankheiten ist deshalb – und das ist von äußerster Wichtigkeit – der Gemütszustand des Patienten selbst, nicht irgendwelche körperlichen Vorgänge als solche.

Jede Krankheit, wie schwer und langwierig sie auch sein mag, läßt sich heilen, wenn es gelingt, das seelische Wohlbefinden des Patienten wiederherzustellen, also seinen Wunsch, seine Lebensaufgabe wieder in Angriff zu nehmen. Nicht selten ist es lediglich eine geringfügige Abweichung vom »rechten Pfad«, irgendeine bedeutungslose fixe Idee, die ihn unduldsam gegenüber anderen werden läßt, irgendein mißverstandenes Verantwortungsgefühl, das ihn zu einem Sklavendasein verurteilt, obwohl er doch durchaus imstande wäre, ausgezeichnete Arbeit zu leisten.

Es gibt sieben Stufen der Heilung – eine schöner als die andere, und zwar:

FRIEDE	GEWISSHEIT
HOFFNUNG	WEISHEIT
FREUDE	LIEBE.
GLAUBE	

X. Um Freiheit zu gewinnen, Freiheit gewähren.

Das höchste Ziel aller Menschen ist Vollkommenheit, und wer diesen Zustand erreichen möchte, muß zuvor lernen, sich durch keine Erfahrung aus dem inneren Gleichgewicht und durch keine Störung oder Versuchung von seinem Kurs abbringen zu lassen. Erst wenn uns dies gelingt, können uns die Schwierigkeiten, Nöte und Leiden des Lebens nichts mehr anhaben. Ein solcher Mensch ist innerlich erfüllt von vollkommener Liebe, von Weisheit, Mut, Toleranz und Verständnis, und alles dies verdankt er dem Umstand, daß er alles weiß und alles sieht. Denn der vollkommene Meister zeichnet sich dadurch aus, daß ihm nichts in seinem Bereich fremd ist.

Wir sind durchaus imstande, unsere Lebensreise zu einem kurzen beglückenden Abenteuer zu machen, sofern wir erkennen, daß wir unsere Ketten nur abwerfen können, wenn wir Freiheit gewähren: Wir befreien uns, indem wir den anderen die volle Freiheit geben. Denn lehren kann man nur durch das eigene Beispiel. Erst wenn wir jedem Menschen, mit dem wir zu tun haben, die volle Freiheit zugestehen, erst wenn wir allen Lebewesen und allen Dingen um uns her ihre Freiheit lassen, erst dann sind wir auch selbst frei. Erst wenn wir feststellen, daß wir keinerlei Bedürfnis mehr verspüren, andere zu beherrschen, zu kontrollieren oder zu beeinflussen, werden wir auch in unserem eigenen Leben von Übergriffen verschont bleiben, denn Fesseln legen uns nur jene an, die wir selbst knechten möchten. Es war einmal ein junger Mann, der sich so sehr an seine Besitztümer klammerte, daß er selbst ein göttliches Geschenk nicht mehr entgegennehmen konnte.

Wir können uns so leicht aus der Beherrschung durch andere lösen, erstens indem wir ihnen völlige Freiheit zugestehen und zweitens indem wir ihnen sehr vorsichtig und liebevoll zu verstehen geben, daß wir uns nicht unterdrücken lassen. Lord Nelson verhielt sich sehr weise, als er einmal mit seinem blinden Auge in ein Teleskop hineinsah. Weder Gewalt noch Groll, noch Haß oder Unfreundlichkeit sind nötig. Unsere Gegner sind unsere Freunde, sie machen das ganze Spiel doch erst zum Genuß, und am Ende des Wettkampfs schütteln wir ihnen die Hände.

Wir dürfen von anderen nicht erwarten, daß sie tun, was wir uns wünschen, denn aus ihrer Sicht sind ihre Vorstellungen ja durchaus richtig, und wenngleich ihr Weg einen anderen Verlauf nehmen mag als der unsrige, am Ende der Reise wartet auf uns alle das gleiche Ziel. Immer wieder können wir feststellen, daß wir selbst es sind, die den Streit vom Zaun brechen, wenn wir von anderen verlangen, sie sollten sich unseren Wünschen entsprechend verhalten.

In gewisser Hinsicht könnte man den Menschen mit einem Frachtschiff vergleichen, das einen bestimmten Zielhafen ansteuert. Das eine fährt nach Afrika, ein anderes nach Kanada und ein drittes vielleicht nach Australien. Und am Ende der Reise kehrt ein jedes in seinen Heimathafen zurück. Warum sollen wir einem anderen Schiff nach Kanada hinterherreisen, wenn unser eigentliches Ziel Australien ist? Was für eine Zeitverschwendung!

Noch einmal: Vielleicht ist uns gar nicht bewußt, von welch bedeutungslosen Dingen wir uns in unserer Freiheit behindern lassen, aber genau die Dinge, die wir festzuhalten versuchen, halten uns fest. Vielleicht handelt es sich um ein Haus, einen Garten, ein Möbelstück – aber selbst diese Dinge haben ein Anrecht auf Freiheit. Weltlicher Besitz ist vergänglich und gibt ständig Anlaß zu Angst und Sorge, denn innerlich wissen wir ja doch, daß wir das alles einmal verlieren werden. Wir können uns an diesen Dingen erfreuen, sie bewundern und nach Kräften nützen, dürfen ihnen jedoch nicht soviel Wert beimessen, daß sie uns zur Fessel werden. Wenn wir jedermann und alles um uns her loslassen, so stellen wir bald fest, daß wir an Liebe und Besitz mehr zurückbekommen, als wir je zuvor besessen haben, denn die Liebe, die die Freiheit gewährt, ist jene große Liebe, die alles um so enger miteinander verbindet.

XI. Heilung

Seit undenklichen Zeiten sind sich die Menschen darüber im klaren, daß unser Schöpfer in seiner Liebe in Feld und Flur Heilkräuter wachsen läßt, genau wie er dafür gesorgt hat, daß Getreide und Früchte gedeihen, von denen wir leben können.

Die mittleren Jahre (1929–1934)

Astrologen und Kräuterkundige haben schon von jeher nach diesen Heilpflanzen Ausschau gehalten, die uns helfen, voll Freude und in blühender Gesundheit unser Leben zu verbringen.

Wenn wir herausfinden wollen, welches Heilmittel für uns das richtige ist, so müssen wir uns zunächst über unseren Lebenszweck Klarheit verschaffen, uns fragen, was wir eigentlich erreichen wollen und auch die Schwierigkeiten verstehen, denen wir auf unserem Weg begegnen. Diese Schwierigkeiten bezeichnen wir als Fehler, Schwächen oder als Versagen. Lassen wir uns durch solche Fehler und Schwächen jedoch nicht irritieren, denn immerhin stellen sie den Beweis dafür dar, daß wir nach Höherem streben. Wir sollten unsere Fehler deshalb als Ermutigung nehmen, schließlich zeigen sie, daß wir hoch hinaus wollen. Wir müssen daher versuchen, für uns selbst herauszufinden, an welcher Front wir besonders zu kämpfen haben, mit welchem Gegner wir uns besonders viel herumschlagen, und dann voll Dankbarkeit jene Pflanze annehmen, die eigens dazu bestimmt ist, uns zum Sieg zu verhelfen. Wir sollten diese wundervollen Kräuter des Feldes wie ein Sakrament zu uns nehmen, wie eine Gottesgabe, die uns in Zeiten der Not Linderung bringt.

Wer heilen will, sollte alle organischen Gebrechen vergessen, was zählt, ist allein der Gemütszustand, das psychische Problem. Entscheidend ist es, herauszufinden, wo bei dem Betreffenden eine Abweichung vom göttlichen Plan zu verzeichnen ist. Solcher Mißklang zwischen dem Menschen und seinem spirituellen Selbst kann Hunderte von organischen Erkrankungen verursachen (denn unser Körper reflektiert schließlich nur den Zustand unseres Gemüts), aber was zählt das schon? Falls es uns gelingt, unser Gemüt wieder in ein Gleichgewicht zu bringen, dann werden wir schon bald geheilt sein. Es verhält sich tatsächlich genauso, wie Jesus zu uns gesagt hat: »Ist es leichter zu sagen: Deine Sünden seien dir vergeben, oder: Nimm dein Bett und geh?«

Um es noch einmal zu wiederholen: Wir müssen uns völlig klarmachen, daß es auf unsere organischen Erkrankungen überhaupt nicht ankommt, entscheidend ist einzig und allein unser Gemütszustand. Deshalb können wir die Krankheit, an der wir leiden, völlig ignorieren. Wir müssen lediglich herausfinden, welchem der folgenden Persönlichkeitstypen wir angehören.

Wenn es Ihnen Schwierigkeiten bereitet, für sich selbst das geeignete Heilmittel auszuwählen, sollten Sie am besten überlegen, welche Vorzüge Sie am meisten an anderen Menschen bewundern, oder aber auch, welche Schwäche Sie an anderen am meisten hassen. Denn wir hassen an anderen Menschen besonders jene Fehler, die wir bisher vergebens bei uns selbst zu korrigieren versucht haben. Indem wir in Gestalt anderer Menschen diesen Schwächen begegnen, werden wir ermutigt, die betreffenden Fehler bei uns selbst abzustellen.

Jeder von uns ist ein Heiler, und wenn wir von Liebe und Mitgefühl erfüllt sind, so sind wir imstande, jedermann zu helfen, der wirklich gesund werden möchte. Halten Sie Ausschau nach dem hervorstechendsten psychischen Konflikt, unter dem der Kranke zu leiden hat, geben Sie ihm das Heilmittel, das ihm dabei hilft, diese Schwäche zu überwinden, und machen Sie ihm, so gut Sie können, Hoffnung und Mut, alles übrige wird die Heilkraft in ihm von ganz alleine bewirken.

Wie bereits im Vorwort erwähnt, haben wir Kapitel XII von *Befreie dich selbst* nicht in dieses Buch aufgenommen, denn die dort vorgenommene Einteilung in Typ-Mittel stellt nur eine frühe Stufe in Edward Bachs Denken dar. Seinen ausgereiften Standpunkt in dieser Frage hat er in seiner Schrift *The Twelve Healers and Other Remedies* dargelegt (Übersetzung in: Edward Bach, *Blumen, die durch die Seele heilen*).

Ihr leidet an euch selbst

Ihr leidet an euch selbst[*]

Die Aufgabe, heute abend hier zu Ihnen zu sprechen, empfinde ich als nicht ganz einfach.

Sie sind eine medizinische Gesellschaft, und auch ich selbst gehöre Ihrem Stand an. Gleichwohl ist die Art von Medizin, über die ich jetzt zu Ihnen sprechen möchte, soweit von allen heute anerkannten orthodoxen Auffassungen entfernt, daß Sie in meinen Ausführungen kaum etwas entdecken werden, was noch an die Arztpraxis, das Pflegeheim oder das Krankenhaus erinnert, wie wir sie heute kennen.

Wären Sie nicht als Anhänger Hahnemanns denen ohnehin schon weit voraus, die noch immer für Galens Lehren und die medizinischen Traditionen der vergangenen zweitausend Jahre eintreten, so könnte einem fast der Mut vergehen, überhaupt zu Ihnen zu sprechen.

Aber die Lehren Ihres großen Meisters und seiner Nachfolger haben soviel Erhellendes zutage gefördert und die Tür zu neuen Heilverfahren so weit aufgestoßen, daß ich von Ihrer Bereitschaft überzeugt bin, mir auf dem von Ihnen eingeschlagenen Weg noch ein Stück weiter zu folgen und mehr über das Wunder vollkommener Gesundheit zu erfahren und über das wahre Wesen von Krankheit und Heilung.

Das inspirierte Denken Hahnemanns hat inmitten der Finsternis des Materialismus für die Menschheit ein neues Licht entzündet. Dies geschah in einem Zeitalter, als Krankheit von den Menschen nur mehr als ausschließlich physikalisches Problem betrachtet wurde, das es mit ausschließlich physikalischen Verfahren zu heilen gelte.

Er wußte so gut wie Paracelsus, daß Krankheit nicht existiert, solange Geist und Gemüt des Menschen sich miteinander in Einklang befinden. Und er machte sich daran, Heilmittel zu

---

[*] Text einer Ansprache, die Edward Bach 1931 in Southport hielt.

entdecken, die auf unser Gemüt einwirken und uns Frieden und Gesundheit schenken.

Hahnemann tat einen großen Schritt vorwärts und zog die ganze Disziplin mit sich fort. Aber dennoch war auch ihm nur ein Arbeitsleben beschieden, und es ist unsere Pflicht, seine Forschungen dort fortzusetzen, wo er abberufen wurde. Und weiterhin ist es unsere Aufgabe, auf dem von ihm errichteten Fundament das von ihm entwickelte Heilverfahren immer weiter zu vervollkommnen.

Der Homöopath hat sich bereits von zahlreichen unnötigen und unwichtigen Elementen der traditionellen Medizin verabschiedet, aber er muß noch weiter gehen. Ich weiß, daß Sie nach vorne blicken, denn weder das Wissen der Vergangenheit noch der Gegenwart kann den zufriedenstellen, der nach der Wahrheit sucht.

Paracelsus und Hahnemann haben uns gelehrt, nicht so sehr die Einzelheiten des Krankheitsbildes in den Vordergrund zu stellen, sondern die Persönlichkeit zu behandeln, den inneren Menschen. Denn sie wußten nur zu gut, daß Krankheiten verschwinden, sofern nur unser Geist und unser Gemüt sich im Einklang miteinander befinden. Dieses Fundament, auf dem ihr ganzes Lehrgebäude ruht, ist die unerschütterliche Basis, auf der es weiterzubauen gilt.

Hahnemann sah auch, was nötig ist, damit diese Harmonie sich einstellt. Überdies stellte er fest, daß er die Wirkung der Drogen und Heilmittel der alten Schule, aber auch der Elemente und Pflanzen, die er selbst auswählte, durch Potenzierung gleichsam umkehren konnte, daß also eine Substanz, die gewöhnlich Vergiftungserscheinungen und Krankheitssymptome verursacht, genau diese Symptome zum Verschwinden bringt, wenn man sie nach der von ihm entwickelten spezifischen Methode zubereitet und in kleinsten Dosierungen verabreicht.

So gelangte er zu der Formulierung: »Gleiches heilt Gleiches« und brachte damit ein weiteres grundlegendes Lebensgesetz auf den Begriff. Und dann überließ er es uns, den Bau jener Kathedrale fortzuführen, deren Konturen sich erstmals seinem Geist offenbart hatten.

Und wenn wir in der Konsequenz dieses Denkens einen Schritt weitergehen, so erkennen wir zu unserer großen Überraschung, daß auch die Krankheit selbst jenes »Gleiche« ist, wodurch »Gleiches« geheilt wird. Denn die Krankheit ist das Ergebnis eines Fehlverhaltens. Sie ist das natürliche Ergebnis eines Mißklangs zwischen unserem Körper und unserer Seele. Sie ist jenes »Gleiche«, das »Gleiches« heilt, weil sie uns nämlich daran hindert, in unserem Fehlverhalten einfach fortzufahren, und zugleich enthält sie die an uns gerichtete Aufforderung, unser Tun zu korrigieren und unser Leben mit den Weisungen unserer Seele wieder in Einklang zu bringen.

Krankheit ist eine Folge falschen Denkens und falschen Tuns und hört auf, sobald wir unser Denken und Tun wieder in Ordnung gebracht haben. Haben wir aus unseren Schmerzen und Leiden und unserer Not erst einmal die richtigen Schlußfolgerungen gezogen, so ist ihr Daseinszweck erfüllt, und sie verschwinden von ganz allein. Das ist es, was Hahnemann etwas unvollständig als »Gleiches heilt Gleiches« charakterisierte.

Gehen Sie noch ein paar Schritte weiter mit mir auf diesem Weg

Von diesem Standpunkt aus eröffnet sich uns nun eine wundervolle Perspektive. Wir erkennen jetzt nämlich, daß wir wahre Heilung nicht dadurch erzielen, daß wir Schädliches durch Schädliches vertreiben, sondern indem wir Schädliches durch Wohltätiges ersetzen, Böses durch Gutes, Dunkelheit durch Licht.

An diesem Punkt begreifen wir nun plötzlich, daß wir nicht länger Krankheit mit Krankheit bekämpfen müssen – körperliches Leiden mit den Produkten ebendieses Leidens, organische Beschwerden mit Substanzen, die normalhin solche Beschwerden verursachen, nein. Vielmehr müssen wir die entsprechende Gegenkraft aktivieren, die den Fehler wieder ausgleicht.

Das Arzneimittelverzeichnis der Zukunft sollte deshalb nur solche Heilmittel enthalten, die unmittelbar das Gute bewirken und nicht lediglich geeignet sind, dem Bösen zu widerstehen.

Sicher – Haß wird bisweilen durch noch größeren Haß besiegt, heilen läßt er sich jedoch nur durch Liebe. Grausamkeit läßt sich manchmal nur durch Grausamkeit unterbinden, verschwinden wird sie jedoch nur dort wirklich, wo Wohlwollen und Barmherzigkeit die Oberhand haben. Eine Furcht mag vor dem Hintergrund einer noch größeren mitunter in Vergessenheit geraten, aber wirklich geheilt wird Furcht nur durch vollkommenen Mut.

Und deshalb müssen wir Anhänger dieser medizinischen Schule unser Augenmerk auf jene wundervollen Heilmittel richten, die die göttliche Vorsehung zu unserer Heilung in die Natur eingestreut hat, auf die wohltätigen, kostbaren Pflanzen in Wald und Flur.

Denn die Behauptung »Gleiches heilt Gleiches« beruht ganz offenbar auf einem grundlegenden Irrtum. Ganz sicher hatte Hahnemann die richtige Vorstellung von der Wahrheit, aber er hat diese Wahrheit nur unvollkommen in Worte gekleidet. Gleiches mag vielleicht Gleiches stärken, Gleiches mag auch Gleiches vertreiben, aber im tiefsten Wortsinn vermag Gleiches Gleiches nicht zu *heilen.*

Wenn Sie sich mit den Lehren befassen, die Krishna, Buddha oder Christus vertreten haben, dann werden Sie immer wieder auf das eine Thema stoßen: die Überwindung des Bösen durch das Gute. Jesus hat uns gelehrt, dem Bösen keinen Widerstand entgegenzusetzen, unsere Feinde zu lieben und jene zu segnen, die uns verfolgen – ganz sicher soll hier nicht Gleiches mit Gleichem geheilt werden. Und genauso müssen wir in der Heilkunst und auf unserem spirituellen Weg stets bestrebt sein, mit Hilfe des Guten das Böse zu vertreiben, durch Liebe den Haß zu besiegen und durch Licht die Finsternis zu vertreiben.

Deshalb sollten wir alle Gifte meiden, alle schädlichen Dinge, und rückhaltlos auf die Wirkung der Schönheit und des Wohlwollens vertrauen.

Zweifelsohne hat Hahnemann mit seiner Potenzierungsmethode versucht, Falsches in Richtiges umzuwandeln, Gifte in Gesundheit, aber es ist wesentlich einfacher, schöne und heilsame Arzneien unmittelbar wirken zu lassen.

Heilung unterliegt nicht den von den Materialisten heute angebeteten sogenannten Naturgesetzen oder unseren Konventionen oder üblichen Standards, sie ist göttlichen Ursprungs. Deshalb müssen wir – wann immer wir uns mit Heilung befassen – mit unseren Idealen, unseren Gedanken und Wünschen nach Möglichkeit in jene erhabenen Sphären eintauchen, von denen die großen Meister immer wieder gesprochen haben.

Und denken Sie nicht, daß dies eine Distanzierung von Hahnemanns großer Leistung wäre – im Gegenteil, ihm verdanken wir die Kenntnis der fundamentalen Gesetze, die Basis. Aber auch er hatte nur ein Leben, und hätte er seine Arbeit noch länger fortsetzen können, so wäre er zweifellos zu ähnlichen Schlußfolgerungen gelangt. Wir führen lediglich Hahnemanns Arbeit fort.

Lassen Sie uns nun einmal darüber nachdenken, warum die Medizin sich radikal verändern muß. Die Wissenschaft der vergangenen zweitausend Jahre hat Krankheit als ein materielles Geschehen aufgefaßt, das sich mit Hilfe materieller Hilfsmittel unter Kontrolle bringen läßt. Diese Meinung ist natürlich grundfalsch.

Die Ursachen organischer Erkrankungen – wie wir alle sie kennen – liegen nämlich viel tiefer. Denn Krankheit hat ihren Ursprung nicht so sehr auf der physischen, sondern vielmehr auf der Ebene des Gemüts. Sie läßt sich ausschließlich auf einen Konflikt zwischen unserem spirituellen und unserem sterblichen Selbst zurückführen.

Solange diese beiden Ebenen harmonieren, sind wir bei bester Gesundheit. Sobald jedoch in diesem Bereich Mißklänge vorherrschen, werden wir von einer sogenannten Krankheit heimgesucht.

Krankheiten haben einzig und allein eine »korrigierende« Funktion; sie sind weder rachsüchtig noch grausam, sondern lediglich Warnzeichen unserer Seele, die uns auf Fehler aufmerksam machen sollen. Ferner sollen sie uns daran hindern, uns weiterhin Schaden zuzufügen, und uns auf jenen Pfad der Wahrheit und des Lichts zurückführen, den wir eigentlich niemals hätten verlassen dürfen.

Krankheiten dienen daher in Wirklichkeit nur unserem Besten; sie sind wohltätig, obwohl wir sie vermeiden könnten, wenn wir nur das rechte Verständnis hätten – verbunden mit dem Verlangen, recht zu handeln.

Egal welche Fehler wir begehen, sie wirken auf uns zurück und sind je nach ihrer Art die Ursache dafür, daß wir uns unglücklich und trostlos fühlen oder leiden müssen. Deshalb müssen wir lernen, daß wir uns durch falsches Tun oder Denken selbst schaden. Und indem solche Fehlhaltungen in unserem Körper ihre Spuren hinterlassen, spüren wir am eigenen Leib das Leid, das sie anderen zufügen, und lernen so, daß sie gegen das große göttliche Gesetz der Liebe und Einheit verstoßen.

Der verständige Arzt kann deshalb von dem Charakter des organischen Leidens auf den zugrundeliegenden Konflikt schließen. Das läßt sich am besten anhand eines Beispiels verdeutlichen, damit Sie verstehen, daß jede Krankheit, unter der Sie vielleicht leiden, auf einen Konflikt zwischen Ihnen und Ihrem göttlichen Selbst zurückzuführen ist und daß Sie im Krankheitsfall irgend etwas falsch machen, einen Irrtum begehen, den Ihr höheres Selbst korrigieren möchte.

Schmerz – egal ob seelisch oder körperlich – ist die Folge einer Grausamkeit, die anderen Menschen Leid zugefügt hat. Sie können ganz sicher sein, wenn Sie Schmerzen leiden, so werden Sie bei gründlicher Selbsterforschung bei sich selbst – in Ihrem Tun oder in Ihrem Denken – eine gehörige Portion Härte entdecken. Befreien Sie sich von dieser Härte, und auch Ihre

Schmerzen werden aufhören. Wenn Sie unter Glieder- und Gelenksteifheit leiden, so ist diese Steifheit gewiß auch ein vorherrschendes Kennzeichen Ihres Charakters und deutet darauf hin, daß Sie an bestimmten Vorstellungen unerbittlich festhalten, einem Prinzip oder einer Konvention vielleicht, die sich längst überlebt hat. Wenn Sie unter Asthma oder Atembeschwerden leiden, dann liegt das daran, daß Sie versuchen, einen anderen Menschen in seiner Persönlichkeitsentfaltung zu blokkieren; möglicherweise fehlt Ihnen aber auch einfach der Mut, das für Sie Richtige zu tun, und das führt dazu, daß Sie sich selbst unterdrücken. Wenn Sie dahinsiechen, so ist das darauf zurückzuführen, daß Sie jemandem gestatten zu verhindern, daß Ihre Lebenskraft in Ihren Körper zurückkehren kann. Selbst die Dysfunktion einzelner Körperteile deutet auf bestimmte Fehler hin. Handprobleme verweisen auf ein Versagen oder auf ein falsches Tun, Schwierigkeiten mit den Füßen indizieren mangelnde Hilfsbereitschaft, Gehirnstörungen sind meistens auf einen Mangel an Kontrolle zurückzuführen, Herzprobleme auf Mangel oder Übertreibung oder falsches Handeln im Zusammenhang mit dem Prinzip der Liebe, Augenprobleme schließlich sind ein Hinweis auf falsches Sehen und das Unvermögen, selbst evidente Wahrheiten zu erkennen. Und analog lassen sich Wesen und Ursache von Schwächen bis ins einzelne bestimmen, und darüber hinaus kann der Kundige auch durchaus die Lektion benennen, die der Patient zu lernen hat, und die Wege aufzeigen, die aus dem Dilemma herausführen.

Gestatten Sie mir nun kurz, ein paar Sätze zum Krankenhaus der Zukunft zu sagen.

Dieses Hospital wird ein Hort des Friedens, der Hoffnung und der Freude sein. Es herrscht dort keine Eile, kein Lärm, und von den schrecklichen Apparaten und Maschinen, wie wir sie heute überall antreffen, keine Spur. Keine penetrant riechenden Desinfektionsmittel, keine Anästhesie – nichts, was an Krankheit und Leiden erinnert. Der Patient wird nicht durch ständiges Temperaturmessen in seiner Ruhe gestört; er wird nicht unentwegt abgeklopft und mit dem Stethoskop abgehört und nicht pausenlos immer wieder an seine Krankheit erinnert. Auch das dauernde Fühlen des Pulses – das dem Kranken das Gefühl vermittelt, sein Herz schlage zu schnell – unterbleibt. Denn all diese Gegebenheiten und Aktivitäten zerstören jegliche Atmosphäre des Friedens und der Ruhe, die für eine rasche Genesung so unabdingbar ist. Auch werden Laboratorien nicht mehr nötig sein. Denn mikroskopische Untersuchungen erübrigen sich, sobald einmal allgemein akzeptiert ist, daß es den Patienten und nicht die Krankheit zu behandeln gilt.

Alle Gesundheitseinrichtungen werden außerordentlichen Wert auf eine Atmosphäre des Friedens, der Hoffnung, der Freude und des gläubigen Vertrauens legen. Man wird alles unternehmen, um den Patienten seine Krankheit vergessen zu lassen. Man wird ihn ermutigen, alle Kräfte auf seine Gesundung zu richten, etwaige Einstellungs- und Verhaltensfehler zu korrigieren und die Lektion zu lernen, die ihm durch seine Krankheit zuteil geworden ist.

Das Krankenhaus der Zukunft wird sich durch Schönheit und einen positiven Geist auszeichnen und dem Patienten ein willkommener Zufluchtsort sein, wo er nicht nur von seiner Krankheit befreit, sondern auch motiviert wird, fortan den Weisungen seiner Seele größere Bedeutung beizumessen als in der Vergangenheit.

Das Hospital wird die Mutter der Kranken sein, sie in die Arme nehmen und trösten und ihnen die Hoffnung, den Glauben und den Mut geben, der zur Überwindung ihrer Schwierigkeiten unerläßlich ist.

Der Arzt der Zukunft ist sich bewußt, daß er nicht aus eigener Vollkommenheit dazu imstande ist zu heilen. Er wird begreifen, daß er bestenfalls ein »Medium« sein kann, durch das die Kranken angeleitet und geheilt werden, sofern er sein Leben ganz in den Dienst an seinen Mitmenschen stellt, die menschliche Natur studiert, von ganzem Herzen das Leiden zu lindern wünscht und nach besten Kräften den Kranken beisteht. Und auch dann noch hängt seine Fähigkeit zu helfen allein von der Intensität seiner Dienstbereitschaft ab. Er weiß, daß die Gesundheit wie das Leben einzig von Gott herrührt, von Gott allein. Er ist sich bewußt, daß er selbst und die Arzneien, die er verschreibt, im göttlichen Plan lediglich Mittlerfunktion haben und dazu bestimmt sind, den Leidenden wieder auf den Weg des göttlichen Gesetzes zurückzuführen.

Er wird sich weder für Pathologie noch für pathologische Anatomie interessieren. Es wird ihm ganz gleichgültig sein, ob etwa Kurzatmigkeit durch Tuberkelbazillen, Streptokokken oder einen anderen Erreger verursacht ist. Aber er wird sehr wohl zu erfahren wünschen, wie es bei dem Patienten um die Nächstenliebe bestellt ist. Arthritische Gelenke werden nicht mehr geröntgt werden, vielmehr wird es darauf ankommen, die betreffende Steifheit im Seelenleben des Patienten aufzudecken.

Die Krankheitsprognose wird sich nicht länger an organischen Befunden und Symptomen orientieren, sondern an der Fähigkeit des Patienten, seine Fehlhaltungen zu korrigieren und sich mit der spirituellen Dimension seiner Existenz wieder in Einklang zu bringen.

In der Ausbildung wird sich der junge Arzt in erster Linie mit dem Studium der menschlichen Natur befassen, mit Reinheit und Vollkommenheit und mit dem göttlichen Ursprung des Menschen. Ferner wird er lernen müssen, wie er den Leidenden dabei helfen kann, ihre Lebensweise mit ihrem spirituellen Selbst in Einklang zu bringen, damit in ihre Persönlichkeit wieder Gesundheit und Harmonie Einzug halten können.

Er wird imstande sein müssen, aus der Lebensgeschichte des Patienten den Konflikt herzuleiten, der auf seiten des Kranken zu einem Konflikt zwischen Körper und Seele geführt hat. Erst dies wird ihn befähigen, den Leidenden angemessen zu beraten und zu behandeln.

Er wird auch die Natur und ihre Gesetze studieren und sich mit ihren Heilkräften befassen müssen, damit er diese zum Wohl des Patienten nutzbar machen kann.

Die Therapie von morgen wird sich primär darum bemühen, den Patienten mit vier Grunderfahrungen vertraut zu machen: erstens mit der Liebe, zweitens mit der Hoffnung, drittens mit der Freude und viertens mit dem gläubigen Vertrauen.

Diesem Erfordernis wird auch die Gestaltung der Räumlichkeiten in den Krankenhäusern ebenso wie die Betreuung Rechnung tragen müssen. Denn eine fröhliche, lichte Atmosphäre wird auch die Genesung des Patienten begünstigen. Zugleich werden die Fehlhaltungen des Patienten aufgedeckt, und dieser wird ermutigt, seine Einstellung zu korrigieren.

Zugleich werden dem Patienten jene wundervollen Arzneien gegeben, die mit göttlicher Heilkraft angereichert sind, damit das Licht der Seele und die Heilkraft diesen ganz erfüllen kann.

Die Wirkung dieser Heilmittel besteht darin, daß sie unsere Schwingungsrate erhöhen und uns innerlich für die Wahrnehmung unseres spirituellen Selbst öffnen, daß sie uns außerdem ganz mit jener Kraft erfüllen, derer wir am dringendsten bedürfen, und uns von jener Fehlhaltung reinigen, die die Ursache unseres Leidens ist. Wie schöne Musik oder andere wundervolle Erfahrungen verfügen sie über die Fähigkeit, uns innerlich zu erheben und uns mit unserer Seele in Kontakt zu bringen. Und indem sie derart auf uns wirken, schenken sie uns Frieden und befreien uns von unseren Leiden.

Sie erzielen ihre Heilwirkung nicht, indem sie die Krankheit attackieren, sondern indem sie unseren Körper mit den wundervollen Schwingungen unseres höheren Selbst überfluten, vor denen die Krankheit dahinschmilzt wie Schnee in der Sonne. Und schließlich verändern sie die Einstellung des Patienten gegenüber Krankheit und Gesundheit von Grund auf.

Völlig überholt ist auch der Gedanke, daß Genesung durch die Zahlung von Gold und Silber zu erlangen ist. Genau wie das Leben ist auch Gesundheit ein Gottesgeschenk und läßt sich folglich auch nur mit göttlichen Mitteln erlangen. Geld, Luxus, Erholungsreisen – von alledem mag es immer wieder heißen, daß es für unser körperliches Wohlbefinden unabdingbar sei, durch diese Dinge können wir jedoch niemals unsere Gesundheit tatsächlich wiederherstellen.

Der Patient von morgen wird begreifen müssen, daß nur er, und er allein, sich von seinem Leiden befreien kann, auch wenn er vielleicht den Rat eines erfahrenen Mitmenschen in Anspruch nimmt, der ihn in seinen Bemühungen unterstützt.

Von Gesundheit kann man nur dann sprechen, wenn zwischen Seele, Gemüt und Körper die vollkommene Übereinstimmung herrscht. Und diese Harmonie, einzig diese Harmonie, müssen wir erlangen, bevor Heilung sich einstellen kann.

In Zukunft wird sich niemand mehr etwas auf seine Krankheit einbilden – im Gegenteil, die Menschen werden sich des Krankseins schämen wie eines Verbrechens.

Und nun möchte ich zu Ihnen von zwei Einstellungen sprechen, die vermutlich in diesem Land mehr Krankheiten auslösen als jeder sonstige Einzelfaktor – nämlich Habgier und Götzendienst.

Natürlich stellt eine Krankheit die Aufforderung dar, unsere Einstellungen zu korrigieren. Wir sind also für die entsprechenden Symptome ganz allein verantwortlich, da sie einzig aus unserem falschen Handeln und Denken resultieren. Gelingt es uns indes, unsere Fehlhaltungen zu korrigieren und gemäß dem göttlichen Plan zu leben, so bieten wir der Krankheit keinen Angriffspunkt.

In dieser unserer Zivilisation überschattet die Habgier alles und jedes – Gier nach Reichtum, Gier nach Status, Gier nach Prestige, Gier nach Anerkennung, Gier nach Bequemlichkeit, Gier nach Popularität. Und dennoch geht es nicht einmal so sehr um die vorgenannten Spielarten der Gier, denn diese sind sogar noch vergleichsweise harmlos.

Die schlimmste Gier von allen ist das rücksichtslose Verlangen, einen anderen Menschen ganz zu besitzen. Sicher – dieser Antrieb ist in unserer Gesellschaft so allgemein verbreitet, daß er inzwischen als völlig legitim gilt. Aber das ändert nichts an dem Grundübel, denn das Verlangen, einen anderen Menschen zu besitzen oder zu manipulieren, ist gleichbedeutend mit dem Versuch, quasigöttliche Macht auszuüben.

Wie viele Menschen können Sie im Kreis Ihrer Freunde oder Angehörigen nennen, die wirklich frei sind? Und wie viele wüßten Sie aufzuzählen, die nicht durch einen anderen Menschen geknebelt, beeinflußt oder kontrolliert werden? Wie viele kennen Sie, die zu Recht von sich sagen könnten, daß sie – unbeeinflußt von anderen Menschen – Tag für Tag, Monat für Monat und Jahr für Jahr einzig den Weisungen ihrer Seele gehorchen?

Und dennoch ist jeder von uns eine freie Seele und für sein Tun, ja sogar für seine Gedanken allein Gott Rechenschaft schuldig.

Wohl nichts ist so schwierig zu lernen wie frei zu sein – frei zu sein von den Umständen, der Umgebung, anderen Menschen und vor allem von sich selbst. Denn erst wenn wir frei sind, können wir unseren Mitmenschen wirklich etwas geben und ihnen dienen.

Vergessen Sie nie, Sie tragen für alles stets selbst die Verantwortung – ob Sie nun krank oder unglücklich oder von »schwierigen« Freunden oder Angehörigen umgeben sind, ob Sie gezwungen sind, unter Menschen zu leben, von denen Sie herumkommandiert und gedemütigt werden, die Ihre Pläne durchkreuzen und all Ihre Fortschritte zunichte machen: Sie sind an alledem ausnahmslos selbst aktiv beteiligt. Denn dies alles kann nur geschehen, solange wir – und sei es noch so geringfügig – darauf aus sind, andere in ihrer Freiheit zu behindern, oder solange uns schlicht der Mut fehlt, unsere individuellen Rechte – ja eigentlich unser Geburtsrecht – geltend zu machen.

Wirklich und in jeder Hinsicht frei werden wir erst in dem Augenblick sein, wenn wir allem und jedem um uns her bedingungslos die volle Freiheit zugestehen, wenn wir nicht mehr länger versuchen, Grenzen zu ziehen und andere zu binden, wenn wir von anderen nichts mehr erwarten, wenn wir nichts mehr im Sinn haben, als zu geben und zu geben und nichts für uns zu verlangen. Erst wenn wir uns zu dieser absoluten Selbstlosigkeit durchgerungen haben, erst dann werden die Fesseln von uns fallen, die Ketten werden zerbrechen, und erst dann werden wir erstmals überhaupt die kostbare Freude vollkommener Freiheit erfahren. Erst dann werden wir frei von aller menschlichen Bedrängnis nur mehr bereitwillig und dankbar unserem höheren Selbst dienen.

So überaus stark entwickelt ist der Besitztrieb in den westlichen Ländern, daß es großer Krankheitseinbrüche bedarf, bevor die Menschen ihren Irrtum einsehen und ihr Verhalten ändern werden. Und je nachdem wie sehr und unter welchen Vorzeichen wir darauf aus sind, andere zu beherrschen, müssen wir so lange leiden, wie wir uns weiterhin eine Macht anmaßen, die dem Menschen nicht zusteht.

Absolute Freiheit ist unser Geburtsrecht, aber zum Leben erwecken können wir dieses Recht nur, wenn wir die gleiche Freiheit jedem Lebewesen gewähren, das in den Horizont unseres Lebens hineingerät. Denn wir ernten tatsächlich, was wir säen, und »mit welchem Maß wir messen, so wird auch uns zugemessen werden«.

In dem gleichen Maße wie wir durch unser Tun die Existenz anderer Lebewesen durchkreuzen, werden sich auch in unserem Leben die Schwierigkeiten auftürmen. Wenn wir andere in ihrer Entfaltung behindern, dann ist die Folge davon vielleicht eine Versteifung unseres ganzen Körpers. Wenn wir ihnen überdies noch Schmerzen und Leid zufügen, so müssen wir uns darauf gefaßt machen, daß uns gleiches widerfährt, solange wir unseren Fehler nicht wiedergutgemacht haben. Und jede Krankheit, wie schwer sie auch sei, dient einzig dazu, uns von unserem falschen Tun abzubringen.

All jene, denen von seiten anderer Menschen Unrecht zugefügt wird, haben allen Grund, Mut zu schöpfen. Denn Unrecht zu erleiden bedeutet immerhin, daß man auf einem relativ hohen Niveau angelangt ist und darüber belehrt wird, was man tun muß, um frei zu sein. Und wenn Sie Schmerzen und Leid zu ertragen haben, so erfahren Sie auf diesem Wege, wie Sie Ihre eigene Fehlhaltungen korrigieren können, und sobald Sie die entsprechenden Fehler erkannt und abgelegt haben, sind Sie aller Sorgen ledig.

Erreichen aber läßt sich dieser Zustand am ehesten, wenn man äußerste Sanftmut übt, das heißt andere Menschen weder in Gedanken noch durch Worte oder Taten verletzt. Vergessen wir nicht, daß alle Menschen an ihrer Erlösung arbeiten und durchs Leben gehen, um die für die Vervollkommnung ihrer Seele notwendigen Lektionen zu lernen. Und vergessen wir nicht, daß jeder seine eigenen Erfahrungen machen und die Fallstricke dieser Welt kennenlernen und aus eigener Kraft den Weg finden muß, der auf die Spitze des Berges hinaufführt. Falls wir über ein wenig mehr Wissen und Erfahrung verfügen als ein jüngerer Mensch, so können wir diesen bestensfalls vorsichtig anleiten. Ist er für diese Anleitung offen, dann schön und gut, lehnt er unsere Hilfe hingegen ab, so müssen wir geduldig warten, bis der Betreffende aus Erfahrung klug wird und vielleicht bei anderer Gelegenheit wieder auf uns zukommt.

Wir sollten uns bemühen, so sanft und ruhig und geduldig und hilfsbereit zu sein, daß wir unter unseren Mitmenschen fast wie ein Lufthauch, ein Sonnenstrahl einhergehen – stets bereit, ihnen zu helfen, wenn sie darum bitten, aber nie darauf aus, ihnen unseren Standpunkt aufzuzwingen.

Und jetzt möchte ich Ihnen noch von einer anderen Einstellung berichten, die heute sehr verbreitet ist und den Arzt, der die Gesundheit eines Menschen wiederherzustellen versucht, vor große Schwierigkeiten stellt – nämlich die Götzenanbetung, wie man diese Haltung vielleicht nennen könnte. Jesus hat gesagt: »Ihr könnt nicht Gott und dem Mammon zugleich dienen.« Und dennoch stellt die Verehrung des Mammon einen unserer größten Stolpersteine dar.

Einmal erschien ein strahlender, herrlicher Engel dem Johannes, und Johannes fiel vor ihm nieder und betete ihn an. Aber der

Engel sagte zu ihm: »Tue es nicht. Ich bin wie du und deine Brüder ein Diener. Das Gebet gebührt Gott allein.« Und dennoch beten heutzutage Zehntausende von Menschen nicht Gott an, nicht einmal einen Engel, sondern einen Mitmenschen. Ich kann Ihnen versichern, daß eine der größten Schwierigkeiten, die es bei der Heilung von Kranken immer wieder zu überwinden gilt, ihre Neigung ist, einen anderen Menschen anzubeten.

Wie oft hört man nicht: »Ich muß meinen Vater, meine Mutter, meinen Bruder fragen.« Was für eine Tragödie – die Vorstellung, daß ein Mensch, der dabei ist, seine göttliche Bestimmung zu verwirklichen, auf seinem Weg anhält, um einen Mitreisenden um Erlaubnis zu fragen. Wem verdanken wir denn unser Dasein und unser Leben – einem Mitreisenden oder unserem Schöpfer?

Begreifen wir doch endlich, daß wir unsere Gedanken und unsere Taten vor Gott zu verantworten haben – vor Gott allein. Und machen wir uns klar, daß wir Götzendienst betreiben, wenn wir uns von einem anderen Sterblichen beeinflussen lassen oder uns nach seinen Wünschen richten. Im übrigen zieht dieses Verhalten harte Strafen nach sich – es legt uns Ketten an, es verbannt uns in einen Kerker, es engt unser Leben ein. Und das ist auch richtig, und wir verdienen es nicht anders – sofern wir uns den Weisungen eines anderen Menschen fügen, obwohl doch unser ganzes Selbst nur einen Imperativ kennen sollte, nämlich die von Gott an uns erhobenen Forderungen.

Sie können ganz sicher sein, daß der Mann, der seine Frau, seine Kinder, seinen Vater oder auch seinen Freund über seine Pflicht stellt, ein Götzendiener ist und dem Mammon dient, nicht aber Gott.

Vergessen Sie nicht die Worte Christi: »Wer ist meine Mutter, und wer sind meine Brüder?« Und diese Worte bedeuten, daß jeder von uns – wie unbedeutend er oder sie auch sein mag – dazu bestimmt ist, seinen oder ihren Mitmenschen und der Welt insgesamt zu dienen. Es bedeutet aber auch, daß wir uns nicht für den Bruchteil einer Sekunde dem Willen eines anderen Menschen unterwerfen dürfen, sofern sein Begehren den Weisungen widerspricht, die unsere Seele an uns richtet.

Erweisen Sie sich als Lenker Ihrer Seele, als Meister Ihres Geschicks – das heißt, lassen Sie sich bedingungslos ohne Rücksicht auf die Umstände oder die Meinung anderer Menschen von der göttlichen Stimme in Ihrem Innern leiten. Und leben Sie stets gemäß den göttlichen Gesetzen und in Verantwortung vor dem Schöpfer, der Ihnen das Leben geschenkt hat.

Und noch eines möchte ich an dieser Stelle gerne sagen. Vergessen Sie nie, daß Jesus seine Jünger aufgefordert hat: »Widerstrebt nicht dem Übel.« Fehleinstellungen und Krankheit sind nicht im direkten Angriff zu besiegen, sondern allein indem wir sie durch das Gute ersetzen. Dunkelheit wird durch das Licht aufgehoben, nicht durch noch größere Finsternis – und Haß durch Liebe, Grausamkeit durch Wohlwollen und Mitgefühl, und Krankheit durch Gesundheit.

Unsere einzige Aufgabe besteht darin, unsere Fehlhaltungen zu erkennen und jene Kraft in uns zu erwecken, die den jeweiligen Fehler dahinschmelzen läßt wie Schnee in der Sonne. Kämpfen Sie nicht gegen Ihre Sorgen an, lehnen Sie sich nicht gegen Ihre Krankheit auf, hadern Sie nicht mit Ihren Schwächen. Vergessen Sie dies alles am besten, indem Sie sich voll auf die Entfaltung jener Eigenschaften konzentrieren, deren Sie bedürfen.

Und nun läßt sich zusammenfassend darlegen, welch außerordentliche Rolle die Homöopathie in Zukunft bei der Überwindung von Krankheit spielen wird.

Endlich haben wir begriffen, daß Krankheit selbst »Gleiches mit Gleichem heilt«, daß wir an ihrer Entstehung selbst beteiligt sind und daß wir sie vermeiden können, falls wir die notwendige Lektion lernen und unsere Fehler korrigieren, bevor wir von einem noch größeren Leiden heimgesucht werden. Und dieser Gedanke schließt ganz natürlich an Hahnemanns großes Werk an. Allerdings sind wir inzwischen einem vollkommenen Verständnis von Krankheit und Gesundheit einen großen Schritt nähergekommen, und damit auf dem Weg zu dem Tag, an dem die Menschheit soweit fortgeschritten sein wird, daß ihr unmittelbar göttliche Heilung zuteil werden kann.

Der kundige Arzt bereitet seine Heilmittel aus den wohltätigen Pflanzen der Natur, und er ist seinen Patienten bei der Öffnung jener Kanäle behilflich, durch die Körper und Seele miteinander in Kommunion treten können. In diesem Prozeß stellen sich dann von ganz allein die Kräfte ein, die nötig sind, um die für die jeweilige Krankheit ursächlichen Fehlhaltungen zu korrigieren.

Die Patienten werden sich künftig mit der Wahrheit konfrontieren müssen, daß nur sie allein durch ihre eigenen Fehler Krankheiten heraufbeschwören. Und sie werden den Wunsch entwickeln müssen, ihre Fehleinstellungen zu korrigieren und ein besseres und nützlicheres Leben zu führen, und sie müssen verstehen, daß Heilung von ihren eigenen Anstrengungen abhängt, selbst wenn sie sich in ihrer Not rat- und hilfesuchend an ihren Arzt wenden. Gesundheit läßt sich ebensowenig mit Gold kaufen wie die Erziehung eines Kindes. Kein Geld der Welt kann den Schüler lehren, wie man schreibt, er muß es unter Anleitung eines erfahrenen Lehrers selbst lernen. Und genauso verhält es sich mit der Gesundheit.

Es gibt die zwei großen Gebote: »Du sollst den Herrn deinen Gott lieben« und: »Liebe deinen Nächsten wie dich selbst«. Entscheidend ist deshalb, daß wir unsere Individualität zur Entfaltung bringen, damit wir die Freiheit gewinnen, dem göttlichen Ursprung in uns rückhaltlos zu dienen. Räumen wir also allen anderen Menschen und Lebewesen die absolute Freiheit ein, und dienen wir ihnen – gemäß den Weisungen unserer Seele – nach besten Kräften. Und vergessen wir nie, daß in dem Maße wie unsere eigene Freiheit sich erweitert, auch unser Vermögen zunimmt, unseren Mitmenschen zu dienen.

Wir müssen also zur Kenntnis nehmen, daß wir für unsere Krankheiten ganz allein die Verantwortung tragen und daß die einzige Heilung über den Weg einer Korrektur unserer Fehlhaltung führt. Ein Arzt, der einen Patienten wirklich heilen will, muß diesem dabei helfen, seinen Körper, seine Seele und sein Gemüt wieder miteinander in Einklang zu bringen. Leisten kann dies nur der Kranke selbst, obwohl der Rat und die Unterstützung eines Fachmanns durchaus nützlich sein können.

Wie Hahnemann aufgezeigt hat, ist Heilung, die nicht von innen kommt, eher schädlich. Eine lediglich mit Hilfe materialistischer Verfahren durch Dritte erzielte äußere Heilung, an welcher der Kranke in gewisser Hinsicht selbst gar nicht beteiligt ist, kann durchaus körperlich Linderung bringen, sie beschädigt jedoch unsere Höhere Natur, denn unter solchen Umständen lernen wir die uns zugedachte Lektion nicht und korrigieren folglich auch nicht den entsprechenden Fehler.

Es ist wirklich furchtbar, wie viele künstliche und oberflächliche Heilungen heutzutage in der Medizin durch Geld und falsche Methoden erzielt werden – falsche Methoden deshalb, weil sie lediglich die Symptome unterdrücken, den Anschein einer Linderung erwecken und die Ursache bestehen lassen.

Heilung muß von innen kommen; sie erfordert, daß wir unsere Fehlhaltung anerkennen und korrigieren und unser ganzes Sein mit dem göttlichen Plan in Übereinstimmung bringen. Da der Schöpfer in seiner Gnade gewisse mit göttlichen Heileigenschaften ausgestattete Kräuter geschaffen hat, die uns helfen, Krankheiten zu überwinden, wollen wir diese suchen und sie, so gut wir eben können, dazu verwenden, den Berg unserer Selbstentfaltung immer weiter zu erklimmen, bis wir eines Tages auf dem Gipfel der Vollkommenheit stehen werden.

Hahnemann hatte die Wahrheit des Prinzips »Gleiches heilt Gleiches« erkannt, das man eigentlich heutzutage mit »Krankheit heilt Fehlhaltung« übersetzen müßte. Diese Neuformulierung besagt, daß wahre Heilung ein höheres Geschehen ist, ein Prozeß, in dessen Verlauf die Liebe samt all ihrer Attribute das vertreibt, was bisher an unserem Leben falsch gewesen ist. Sie besagt ferner, daß echte Heilung nur möglich ist, wenn der

Patient für sich selbst die Verantwortung übernimmt, und daß nur solche Mittel zur Anwendung gelangen dürfen, die dem Kranken helfen, seine Fehlhaltungen zu überwinden.

Wir wissen inzwischen, daß die homöopathische Heilmittelliste gewisse Arzneien enthält, die unsere Schwingungsrate erhöhen und so die Verbindung zwischen unserem sterblichen und unserem spirituellen Selbst intensivieren, mithin Heilung durch die Harmonisierung unserer Persönlichkeit herbeiführen.

Und schließlich wissen wir, daß es unsere Aufgabe ist, den Arzneimittelkatalog kritisch zu überprüfen und um eben solche Heilmittel zu ergänzen, bis er nur noch wohltätige und die positiven Kräfte weckende Mittel enthält.

Philosophische Notizen

Die folgenden Texte sind eine Sammlung philosophischer Notizen, die Edward Bach am 22. April 1933 in Marlow, Buckinghamshire, niederschrieb. Seine Worte erwecken im Leser stets Hoffnung und stärken seinen Lebensmut.

MARLOW, BUCKINGHAMSHIRE
22. APRIL 1933

Der unter den Menschen am weitesten verbreitete Fehler ist das Verlangen nach weltlichen Dingen. Im Himmel hingegen sind die Gier und das übertriebene Verlangen nach den spirituellen Dingen die größte Gefahr. Und genau wie die Gier auf Erden für die aufstrebende Seele zu einem Hindernis werden kann, so gibt es etwas Vergleichbares auch im spirituellen Leben, wo rückhaltlose Demut und Dienstbereitschaft wichtiger sind als das Verlangen nach Vollkommenheit.

Das Verlangen, gut zu sein, das Verlangen, Gott zu sein, stellt im spirituellen Leben ein ebensogroßes Hindernis dar wie die Gier nach Gold oder Macht im Horizont der irdischen Erfahrung. Je weiter man voranschreitet, um so mehr Demut und Geduld und Dienstbereitschaft sind nötig.

In Eurem alten Leben habt Ihr gegen die Goldgier angekämpft (wobei Gold synonym für »weltliche Macht« steht), in der neuen Welt müßt Ihr – so seltsam das auch klingen mag – gegen die Gier nach dem Guten ankämpfen. »Wer von uns wird größer sein im Himmelreich.«

Eure spirituelle Entwicklung wird am sichersten durch das überstarke Verlangen nach solchem Fortschritt verhindert. Denn in der Dimension, von der hier die Rede ist, geht es um das »Sein«, nicht um Leistungen: Das Sein trägt seinen Lohn in sich selbst. Das gilt nicht nur für dieses Leben, sondern vielmehr noch für jene, die auf der Suche sind nach der spirituellen Welt. Es ist ganz falsch, gut sein oder rasche Fortschritte oder Vollkommenheit erzielen zu wollen, vielmehr sollte man demütig und dienstbereit an seinem Platz darauf warten, bis man zu Höherem berufen wird.

Auf jener Daseinsebene erzielen wir keine Fortschritte durch eigene Anstrengungen, sondern warten lediglich, bis wir für wert befunden werden.

Auf Erden müssen wir uns bemühen. Im Himmel verhält es sich genau umgekehrt.

Das heißt, daß selbst das größte Opfer, das wir auf der Erde um spiritueller Größe willen bringen, falsch ist. Wer sich so verhält, benimmt sich wie der junge Mann, der sagt: »Dies alles habe ich getan« und dennoch keinen Zutritt zum Himmel erhält.

Es scheint so, als gebe es nur den einen Weg: Selbstloses Dienen, das nicht einmal auf spirituelle Erhöhung spekuliert und nichts weiter ist als das Verlangen, anderen zu helfen. Hier liegt eines der größten Hindernisse, mit denen Ihr Euch jetzt befassen müßt.

Üblicherweise versuchen wir uns dahin zu bringen, daß unser Körper für uns ebensowenig zählt wie unser Selbst. Wir müssen aber auch lernen, daß unsere Seele nichts zählt.

Wenn Christus das nächste Mal auf die Welt kommt, dann sollte eine Schar von Leuten bereitstehen, die ihn willkommen heißen und imstande sind, ihr physisches Dasein zu transzendieren und ihre Spiritualität zu erkennen.

Der Mensch hat sich so daran gewöhnt, sich mit seinem Körper gleichzusetzen, daß es ihm schwerfällt zu begreifen, daß der Körper lediglich ein Werkzeug ist. Er hat selbst die Lehre von der Reinkarnation mißverstanden, weil er – statt von seiner Unsterblichkeit und der Unwichtigkeit des Körpers überzeugt zu sein – sich nun etwas auf seine diversen Leben einbildet und auf seinen früheren Status und seine vergangenen Taten.

Verglichen mit dem spirituellen Leben ist unser Dasein hier auf Erden nichts als Dunkelheit, und deshalb leuchtet die Wahrheit so selten auf. Man könnte unsere Situation mit der Lage eines Kükens in der Schale vergleichen, das sich in dem Stolz seiner Isolation und in seiner Selbstgewißheit weigert, die Schale zu durchbrechen, und es vorzieht, in der Dunkelheit zu sterben. Was den Menschen am meisten von der Wahrnehmung der spirituellen Wahrheit abhält, ist die Angst vor dem Verlust seiner Individualität. Aber genausowenig wie dem Küken in der Schale droht dem Menschen ein Verlust, wenn er in die Welt des Lichts hinausgeht.

Die heutige Welt ist voller Menschen, die Angst davor haben, das Gehäuse ihrer Selbstgewißheit zu durchbrechen, und deswegen in ihrer kleinen Welt gefangenbleiben. Die Ursache dieses Verhaltens ist die Angst vor einem Selbstverlust, und diese Furcht verhindert jegliches Wachstum und jedes wahre Wissen.

In der heutigen Zeit reicht es nicht aus zu sagen: »Hab' keine Angst« oder: »Sei nicht krank.« Vielmehr muß man den Menschen erklären, warum sie Angst haben und weshalb sie krank sind – und ihnen ein Gegenmittel geben.

Wir wissen jetzt um die Ursachen von Krankheit, und wir kennen die von der göttlichen Vorsehung zur Besserung unserer Fehler und zur Heilung unseres Körpers bestimmten Pflanzen. Deshalb ist es nun an der Zeit, den Menschen zu zeigen, warum sie krank sind, und sie an das zur Überwindung der Angst geeignete Heilmittel zu erinnern, das in ihnen selbst liegt.

Eine körperliche Erkrankung ist ein materielles Geschehen, Angst hingegen hat ihren Ursprung im Gemüt. Organische Erkrankungen lassen sich deshalb mit Hilfe physikalischer Mittel der höchsten Ordnung behandeln. Und genau wie die Kräuter den Körper und das Gemüt aufrichten, so bereitet der nächste Heilungsschritt unser Gemüt auf die spirituelle Vereinigung vor und ermöglicht uns somit die Steuerung unseres ganzen Lebens im Geiste unseres göttlichen Ursprungs.

Im Grunde genommen ist Gier die Ursache organischer Erkrankungen und Angst der Auslöser psychischer Leiden.

In jenem Reich, von dem hier die Rede ist, gibt es weder einen Glauben noch Hoffnung oder Zweifel, sondern allein Gewißheit. Die Zeit spielt keine Rolle, und der Raum ist gegenstandslos.

Seid aufmerksam und wach, damit Ihr keine Gelegenheit zu lernen versäumt und imstande seid, anderen zu helfen, denn nachdem Ihr suchend und wachsam durch die Welt gegangen seid, werden die ruhigen Augenblicke kommen, da Euch die Antwort auf Eure Fragen plötzlich von innen her zuteil wird.

Ihr werdet Eure Schwierigkeiten nicht in der Welt beilegen können, aber nachdem Ihr Eure Umgebung sorgfältig studiert und in Ruhe nachgedacht habt, seid Ihr für die Erleuchtung bereit, die von innen kommt. Das Wissen, das man sucht, um anderen zu helfen, begründet sozusagen ein Anrecht auf dieses Wissen. Und zugleich sollt Ihr in der Welt ganz ruhig Ausschau halten und suchen – unermüdlich.

Das innere Wissen kommt in unerwarteten Augenblicken des Friedens und der Stille ganz ohne Zwang zu Euch – in Momenten, da der Geist mit anderen Dingen befaßt ist. »Suchet, und Ihr werdet finden.«

Ihr sucht mit den Sinnen und mit den Kräften Eures Gemüts, aber die Antwort kommt aus der Tiefe Eurer Seele zu Euch. Und genau so hat die Schwalbe gelernt, über den Ozean zu fliegen.

Blüten-Geschichten

Dr. Bach schrieb über die Blütenessenzen häufig so, als seien diese eigenständige Persönlichkeiten. Im folgenden finden Sie hierfür einige Beispiele – die Geschichten handeln von *Centaury*, *Clematis* und *Oak*.

Eine der schönsten dieser Erzählungen – *Die Geschichte von den Reisenden* – ist bereits in Judy Howards und John Ramsells Buch *Die Bach-Blüten*[1] abgedruckt und deshalb in diese Textsammlung nicht noch einmal aufgenommen worden.

---

[1] Judy Howard und John Ramsell, *Die Bach-Blüten:* Fragen und Antworten, München: Hugendubel, 1991.

Die Geschichte von
CLEMATIS

Und fragst du dich, ob ich fortgehen möchte? Weißt du, ich habe meine Gedanken auf irdische Dinge gerichtet, auf irdische Menschen, und wenn diese von hier fortgehen, dann möchte ich ihnen folgen. Ich möchte nur auf und davon fliegen und dort sein, wo sie sind. Hast du ein Recht, mich deshalb zu tadeln? Meine Träume, meine Ideale, meine Phantasien – warum sollte ich nicht bei all diesen Dingen sein dürfen? Hast du mir etwas anzubieten, das besser wäre? Jedenfalls sehe ich nichts dergleichen. Du hast mir nichts als kalten Materialismus anzubieten, ein Leben hier auf Erden mit all seinen Härten und Sorgen, und ganz weit dort draußen irgendwo, dort ist mein Traum, mein Ideal. Machst du mir einen Vorwurf daraus, wenn ich diesem Traum folge?

Und Clematis kam und sprach: »Sind deine Ideale Gottes Ideale? Bist du ganz sicher, daß du ihm dienst, der dich gemacht, dich geschaffen, dir dein Leben geschenkt hat? Oder läßt du dich nur von einem anderen Menschen beschwatzen, der Anspruch auf dich erhebt, so daß du zu vergessen drohst, daß du ein Sohn Gottes bist, in dessen Seele der göttliche Funke lebendig ist? Und besteht nicht die Gefahr, daß du diese erhabene Wirklichkeit zugunsten eines anderen Menschen einfach aufgibst?

Ich weiß, wie sehr wir uns danach sehnen, in höhere Sphären zu enteilen, aber ihr Menschenbrüder, laßt uns zuerst unsere Pflicht erfüllen, und nicht nur unsere Pflicht, sondern unsere Freude. Und deshalb bitte ich euch: Schmückt die Plätze, an denen ihr euer Dasein verbringt, und strebt danach, sie schön zu machen, wie ich mich bemühe, die Hecken leuchten zu lassen, so daß man mich *Travelers' Joy* (Freude des Reisenden) genannt hat.«

September 1933

Die Geschichte von
CENTAURY

Ich bin schwach, ja ich weiß, ich bin schwach. Aber warum nur? Weil ich gelernt habe, Stärke und Macht und Dominanzstreben zu hassen? Und sollte ich auf seiten der Schwäche bisweilen ein wenig übertreiben, so vergib mir, denn das geschieht allein deshalb, weil ich es sehr hasse, andere zu verletzen. Schon bald werde ich imstande sein, in mir ein Gleichgewicht herzustellen, so daß ich weder verletze noch mich verletzen lasse. Aber in diesem Augenblick gerade würde ich lieber leiden, als einem meiner Mitmenschen auch nur das geringste Leid zuzufügen.

Habe deshalb viel Geduld mit deiner kleinen Centaury. Zwar ist sie schwach, ich weiß, aber ihre Schwäche ist von der rechten Art, und bald schon werde ich größer und stärker und schöner sein, bis ihr alle mich bewundern werdet wegen der Stärke, die ich euch vermittle.

September 1933

Die Geschichte von dem
EICHENBAUM

Eines Tages vor nicht allzulanger Zeit lehnte in einem alten Park in Surrey ein Mann an einem Eichenbaum, und er hörte, was die Eiche dachte. Zwar hörte er sehr seltsame Geräusche, aber Bäume denken tatsächlich, wißt ihr, und einige Menschen können verstehen, was die großen Pflanzen denken.

Dieser alte Eichenbaum, und er war in der Tat ein sehr alter Baum, sagte zu sich selbst: »Wie ich die Kühe dort unten auf der Wiese beneide, die frei umhergehen können, und ich stehe hier. Und alles um mich her ist so schön, so wundervoll, das Sonnenlicht, der sanfte Wind und der Regen. Und doch bin ich hier an dieser Stelle verwurzelt.«

Und Jahre später entdeckte der Mann, daß in den Blüten des Eichenbaumes eine ganz besondere Kraft enthalten ist, die

Kraft, kranke Menschen zu heilen. Und so begann er, die Blüten der Eichenbäume zu sammeln und sie zu Arzneien zu verarbeiten. Und viele, viele Menschen wurden geheilt und fühlten sich wieder wohl.

Einige Zeit später lag der Mann an einem heißen Sommernachmittag einmal am Rande eines Kornfeldes. Er war fast eingeschlafen, als er einen Baum denken hörte, denn manche Menschen können Bäume denken hören. Der Baum sprach ganz leise mit sich selbst und sagte: »Es macht mir jetzt nichts mehr aus, hier an dieser Stelle verwurzelt zu sein, und ich beneide auch die Kühe nicht mehr, die auf der Wiese umhergehen können, denn ich kann meine Blüten in alle vier Himmelsrichtungen verschenken und Menschen heilen, die krank sind.« Und der Mann blickte auf und sah, daß der Baum, der so dachte, eine Eiche war.

Briefe an Freunde und Kollegen

Auf den folgenden Seiten ist eine Sammlung von Briefen abgedruckt, von denen einige an Zeitschriften, andere an Freunde und Kollegen gerichtet waren.

Ganz sicher wird es die Leser/innen interessieren, daß im ersten Brief von dem Zusammenhang zwischen den Blütenessenzen und der Astrologie die Rede ist. Edward Bach sah hier eine deutliche Verbindung, ließ sich jedoch bei der Auswahl der Blüten nicht von astrologischen Gesichtspunkten bestimmen, da er anderfalls bei der Wahl der geeigneten Essenzen die Gemütshaltung und die vorherrschenden Stimmungen des Patienten nicht mehr gebührend hätte berücksichtigen können.

In einem anderen, vom 15. November 1933 datierten Brief heißt es in der letzten Zeile: »Bin wieder viel unterwegs, soweit ganz gut.« Er hatte in den Monaten zuvor zusätzlich zu den ursprünglichen zwölf noch vier weitere Blüten gefunden, und auch jetzt brachte er diese Entdeckung unverzüglich der Öffentlichkeit zur Kenntnis. Im August 1933 schrieb er einen kleinen Text, in dem er diese vier Heilessenzen vorstellte, und kurz darauf wurde diese Arbeit unter dem Titel *Die zwölf Heiler und die vier Helfer* veröffentlicht.

Einige Zeit später entdeckte er abermals drei neue Blütenmittel, und seine Arbeit wurde jetzt unter dem Titel *Die zwölf Heiler und sieben Helfer* in einer neuen Fassung veröffentlicht. Von den »Zwölf Heilern« war deshalb weiterhin die Rede, weil Bach der Ansicht war, die Anhänger des von ihm entwickelten Heilverfahrens hätten sich nun an diese Bezeichnung gewöhnt.

Wir haben hier ebenfalls die erste Honorarabrechnung abgedruckt, die Edward Bach erhielt (S. 132). Die 7 Pfund 12 Schilling 10 Pence waren zu damaliger Zeit ein stattlicher Betrag, von dem er seine Arbeit längere Zeit hatte finanzieren können. Noch heute werden die Tantiemen für künftige Auflagen der Bücher angespart, um die Preise möglichst niedrig zu halten.

9. Oktober 1933   4. Brunswick Terrace
                                                                                                            Cromer
                                                                                                            Norfolk

Lieber Wheeler,

Ihre Fallbeispiele in *Heile dich selbst* fand ich sehr gut.

Ich persönlich werde Barker keine weiteren Beiträge mehr schicken. Er ist verstimmt, weil er selbst nicht in der Lage ist, die Essenzen zu verwenden. Wenn man sich ansieht, welchen Weg sein Magazin nimmt, dann erhebt sich die Frage, ob er der Homöopathie einen Dienst erweist. Führt er seine Leser nicht immer weiter vom Geistig-Seelischen weg?

Aus dieser Ecke müssen wir noch mit juristischen Konsequenzen rechnen, aber selbst das würde uns noch helfen.

Er hat von uns immer wieder pathologische Beschreibungen der Mittel verlangt (die wir ihm natürlich nicht geben können). Und ich weiß, daß er verärgert ist, weil er sie nicht bekommen hat.

Wir müssen Seine Lordschaft sorgfältig beobachten, damit er sich nicht pötzlich aus einem Freund in einen Gegner der ganzen homöopathischen Wissenschaft verwandelt.

Herzlichen Glückwunsch zu Ihrem Erfolg in dem Mastoiditis-Fall. Wir bewundern Ihren Mut.

Die allerbesten Wünsche – Edward Bach

Ihr Brief über den Mastoiditis-Fall ist soeben hier eingetroffen. Großartig mein Freund. Gut für Sie. So kann es in allen akuten Fällen sein. Und nochmals vielen Dank für Ihre Ermutigung.

4. Brunswick Terrace,
Cromer,
Norfolk.

October 9. 1933.

Dear Wheeler,

Good to you for your series of cases in Heal Thyself.

I don't feel inclined personally to send Barker any more contributions. He is dis--gruntled because he is unable to use the remedies himself, and from the way the magazine is going the question arises whether he is doing Homoeopathy any good. Is he not leading his audience further and further away from mentals?

We may later get persecution from this quarter, but even so it will help us.

He has so repeatedly demanded from us pathological readings of the remedies (which of course are impossible to give), and I know is annoyed that he has not been able to get them.

We must watch his lordship care--fully lest he be an opponent instead of a friend to the whole homoeopathic science.

Congratulations on your mastoid case, and we do admire your courage.

All the very best of wishes

Edward Bach

Your letter about mastoid just arrived. Splendid my friend. good to you. and so it can be with all acutes. Most grateful for all your encouragement.

29. Oktober 1933   4. Brunswick Terrace
Cromer
Norfolk

Liebe Leute,

beiliegend zwei meiner Ansicht nach sehr gelungene Aufsätze. Sie sind zwar nicht sehr lang, enthalten aber eine Menge grundlegende Denkarbeit. Der Beitrag von Miss Weeks schließt sich sehr schön an die drei übrigen Arbeiten an.

Falls Ihr alle beiliegenden Arbeiten für gut befindet, dann habt Ihr für die nächste Zeit ja erst einmal wieder ein paar gute Beiträge auf Lager.

Was nun die Astrologie anbelangt, so bin ich sehr vorsichtig, und deshalb ist in den ersten *Zwölf Heilern* von den Zeichen und Monaten keine Rede. Diese Arbeit wird ganz entschieden einen bedeutenden Beitrag zur Reinigung und zum Verständnis der Astrologie leisten, aber mir obliegt es in diesem Zusammenhang lediglich, die allgemeinen Prinzipien zu benennen, hinter denen Leute wie Ihr, die von der Sache mehr verstehen, dann vielleicht eine große Wahrheit entdeckt. Deshalb möchte ich auch nicht mit dogmatischen Feststellungen in Zusammenhang gebracht werden, solange wir nicht ganz sicher sind.

Was den Wert der beiliegenden Arbeiten anbelangt, so sind wir uns unserer Sache sicher; sie können deshalb ohne weiteres publiziert werden, aber hinsichtlich der genauen Plazierung der Zeichen und Planeten und der Körpersysteme herrscht derzeit noch eine gewisse Unklarheit.

Mit den allerbesten Wünschen an Euch alle – Edward Bach

Ob diese drei Beiträge wohl in einem Heft erscheinen können? Nur ein Vorschlag.

4, Brunswick Terrace,
Cromer,
Norfolk.

October 29. 1935.

Dear Folk,

Enclosed what I feel to be two very wonderful papers, they are not very long but they contain an immense ground work of thought. Miss Weeks' paper also is very fitting to these three.

If you approve of all we are sending you we are certainly keeping you stocked well ahead.

I am being very cautious as regards astrology, and that is why one left out the Signs and the months in the first Twelve Healers. This work is decidedly going to assist vastly in the purification and understanding of astrology, but my part seems to be to give general principles whereby people like you who have a more detailed knowledge, may discover a great truth. That is why I do not wish to be associated with anything dogmatic, until one is sure.

The enclosed one knows is right, and hence ready for publication, but the exact placing of Signs and planets and bodily systems, for the moment, has not certainty.

With the very best of wishes to you,

Edward Bach.

Might these three appear in same magazine? merely suggestion.

9. 11. 33   4. Brunswick Terrace
Cromer
Norfolk

Liebe Leute,

ich finde, Miss Weeks' Artikel ist so einfach und schön wie noch kein anderer zuvor.

Sie hat eine sehr gute Saat ausgesät: unvoreingenommen wie ein Kind, betrachtet sie die Dinge auf die einfache, unverfälschte Weise.

So jedenfalls kommt es mir vor. Und was denkt Ihr darüber?

Herzliche Grüße an Euch – tapfere Freunde

Rec'd 9.11.33

4, Brunswick Terrace,
Cromer.
Norfolk.

Dear Folk.

I think Miss Weeks'
article is the simplest and
most beautiful yet written.
She is a mighty power for
good: because childlike she
sees things from the simple pure
way. At any rate that's
how it strikes me: see what
you think.
Our love to you:
Brave comrades.

4. Brunswick Terrace
Cromer
Norfolk

Der vierte Beitrag, der zur Vervollständigung der Serie noch fehlte.

Er findet hoffentlich Eure Zustimmung!
Auch Miss Weeks wird in Kürze wieder etwas schicken.

Ihr liegt genau richtig, wenn Ihr behauptet, daß es nicht nötig ist, den organischen Befund abzuwarten, weil dies nur Zeit kostet: ja – nicht selten sogar das Leben.

Mit allerbesten Wünschen

4, Brunswick Terrace,
Cromer,
Norfolk.

The fourth contribution to complete the series.

May they find satisfaction in your eyes!

More to follow from Miss Weeks before long.

You hit a wonderful good point when you say: not necessary to wait for physical diagnosis and so save time. Yes! very often life. The best of wishes.

15. November 1933   4. Brunswick Terrace,
Cromer

Liebe Leute,

wäre es nicht ebensogut, das Behandlungsjahr oder aber die Dauer der anschließenden Heilung in dem Magazin zu erwähnen, damit deutlich wird, daß nicht alle Fallbeispiele ganz neu sind?

Was das Fallbeispiel 3 der *Agrimony*-Fälle anbelangt, so hat die Patientin inzwischen wieder drei Jahre hart gearbeitet und fühlt sich immer noch wohl. Sie wurde erstmals 1930 behandelt.

Nun zu Fall 4: Obwohl das Leben für diesen Patienten weiterhin nicht einfach gewesen ist, hat er sich in den vergangenen drei Jahren sowohl körperlich als auch seelisch wesentlich besser gefühlt. Die Behandlung fand 1930 statt.

Was Fall 5 betrifft – keine weiteren Berichte von diesem Patienten seit 1930.

Noch einmal: Mir gefällt Mrs. Wheelers Artikel sehr gut. Ein kleiner Hinweis sei mir gestattet: Ist es nicht gerade *Agrimony*, das uns für den lebenswichtigen Atemhauch des Friedens, nicht der Liebe öffnet? Ich habe beständig den Eindruck, daß das *Agrimony*-Licht sehr eng mit »dem Frieden« verbunden ist, »der jegliches Verstehen übersteigt«, der Friede Christi, während die Liebe mehr jenem *Chicory* zugehörigen strahlenden Blau entspricht, nach meinem Empfinden diejenige irdische Farbe, von der wir uns die Gottesmutter umgeben vorstellen.

Sollten solche Anregungen Mrs. Wheeler jedoch in ihrer Gedankenarbeit stören, so laßt mich wissen, daß ich still sein soll.

Werde mir über einen Widmungsartikel Gedanken machen. Hoffe, daß ich ihn Euch demnächst zusenden kann, weiß allerdings noch nicht genau, was ich sagen möchte.

Bin wieder viel unterwegs, soweit ganz gut.
Die allerbesten Wünsche – Edward Bach

4, Brunswick Terrace,
Cromer.

November 15. 1933.

Dear Folk,

Wouldn't it be just as well to put the year of treatment, or else the duration of the cure afterwards with the cases recorded in the magazine to show that they are not all cases of just the present.

As regards case 3 of the Agrimony cases. The patient has now worked hard and kept well for three years. She was first treated in 1930.

As regards case 4. Although life has still been difficult for this patient, he has remained in good health and a much better mental state for the last three years. Treated 1930.

As regards cases 5. No further news of this patient since 1930.

Again very much like Mrs Wheeler's article. One tiny suggestion. Does not Agrimony open the door to let in the golden vital breath of peace. One always feels that the light of Agrimony is so very closely associated with 'the peace that passeth understanding', the peace of the Christ; whilst the love is more that glorious blue, that of Chicory, to my mind the nearest earthly colour which one associates surrounding our Lady, His Mother.

If any such suggestions interrupt Mrs Wheeler's train of thought, tell me to shut up.

Will bear dedicatory article in mind. Hope to let you have it shortly, don't quite yet know what to say.

Have started journeyings, so far so good.

All the very best of wishes,

Edward Bach.

5. Dezember 1933   4. Brunswick Terrace
                                                    Cromer
                                                    Norfolk

Briefe dieser Art ermutigen uns. Hier handelt es sich um einen *Scleranthus*-Fall, um einen Mann, der sich sehr schlecht fühlte und infolge der Einbuße jeglichen Selbstvertrauens verzweifelt war.

»Werter Herr,

diesen Brief schreibe ich Ihnen mit größtem Vergnügen. Ich möchte Sie nämlich wissen lassen, daß die Medizin, die Sie mir verschrieben haben, mir unendlich guttut.

Allmählich gewinne ich mein altes Selbstvertrauen zurück, und in ein paar Wochen werde ich wieder völlig geheilt sein. Ich kann aufrichtig sagen, daß Sie mir innerhalb von zwei Wochen mehr Gutes getan haben als fünf Londoner Ärzte in drei Jahren, darunter Dr. ——, der Leiter des Krankenhauses für ——.

Nochmals, lieber Doktor, möchte ich Ihnen sagen, wie dankbar ich Ihnen dafür bin, daß Sie mir die richtigen Essenzen verschrieben haben. Sobald ich wieder völlig hergestellt bin, werde ich Sie davon schriftlich in Kenntnis setzen.«

17. Januar 1934　　　　　　　　　　　4. Brunswick Terrace
　　　　　　　　　　　　　　　　　　　　　Cromer
　　　　　　　　　　　　　　　　　　　　　Norfolk

Lieber Bruder,

so fing es damals mit unseren vier Helfern an.

Eines Tages lag ich nahe der Weggabelung in Marlow-on-Thames und war, wie wir dies alle wohl bisweilen sind, von Zukunftsangst erfüllt. Plötzlich wurde mir eine Botschaft zuteil, die jedoch nicht für mich allein bestimmt war, sondern für alle, denen es ein Bedürfnis ist, anderen zu helfen.

Ich schrieb meine Gedanken und Empfindungen sogleich nieder und entdeckte plötzlich gleich neben mir einen Ginsterbusch *(Gorse)* in voller Blüte, und ich dachte: »Wie schön.« Ich hatte die Pflanze zuvor nicht gesehen, aber dann dachte ich an den wundervollen Anblick, den von leuchtenden Ginsterbüschen bedeckte Moorlandschaften bieten.

So fand ich den ersten unserer vier Helfer.

Dann erhob ich mich und ging direkt zu einer egozentrischen und ganz diesseitig ausgerichteten Frau, die ich kannte, und fragte sie: »Was ist in Ihren Augen der schönste Anblick der Welt? Haben Sie je etwas gesehen, das in Ihnen das Gefühl erweckt, es müsse einen Gott geben?« Ohne das leiseste Zögern entgegnete sie: »Ja, die von blühender Heide bedeckten Berge.«

Und so fand ich den zweiten unserer vier Helfer.

Viele Leute könnten natürlich mit alledem überhaupt nichts anfangen, aber ich weiß, daß Du darin das Wirken der Weißen Bruderschaft unter uns erkennst – nicht durch Wunder, nicht durch Erscheinungen, sondern indem wir uns, sofern wir dazu bereit sind, in den alltäglichen Dingen führen lassen.

　　　　　　　　　　　　　　　　　　　　　Edward Bach

Die mittleren Jahre (1929–1934)

THE C · W · DANIEL COMPANY
(C. W. Daniel and D. M. Waltham)

PUBLISHERS

Telephone Central 7611

Telegrams Oprodan, Phone London

46 ~~BERNARD~~ STREET, LONDON, ~~~~ W.C.1.

No 3321   December 31 1932

M Dr E. Bach

Statement of Sales of "Heal Thyself"

Edition		588
on sale		12
Copies Free (Review Copies, etc.)		
„ Sold	131	
„ on Hand	469	
„ on Sale		
	600	600

Royalty Account

By Royalties on Sales
131 @ 1/2   £7 12 10

Skizzen von Reisen und Fundorten

Kurz bevor er aus London wegging, lernte Edward Bach Nora Weeks kennen, und er lud sie ein, ihn auf seinen Reisen zu begleiten. Sie fühlte sich sehr geschmeichelt, weil sie sein großes Mitgefühl und die Unbeirrbarkeit bewunderte, mit der er seine Aufgabe bedingungslos verfolgte. Es bereitete ihr großes Vergnügen, die Schauplätze zu malen, an denen er bestimmte Blüten erstmals fand, und einige dieser Bilder sind auf den folgenden Seiten zu sehen. Bach kennzeichnete im übrigen die Fundstellen der Blütenpflanzen in seiner Ausgabe von J. E. Sowerbys und C. P. Johnsons *British Wild Flowers*. Da er jedoch alle Wildblumen liebte, vermerkte er in seinem Buch neben jeder Pflanze, auf die er stieß, den betreffenden Fundort. Die Einträge auf diesen Blättern und auf der Landkarte, die hier abgebildet sind, zeigen, daß er auf seinen Reisen weit herumgekommen ist.

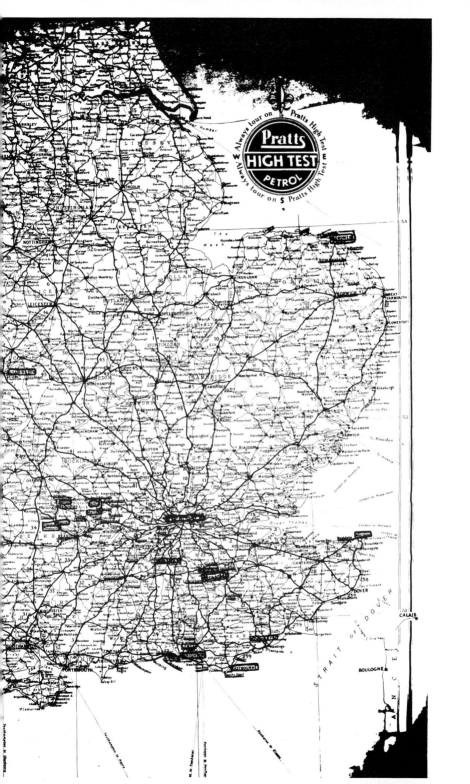

Die mittleren Jahre (1929–1934)

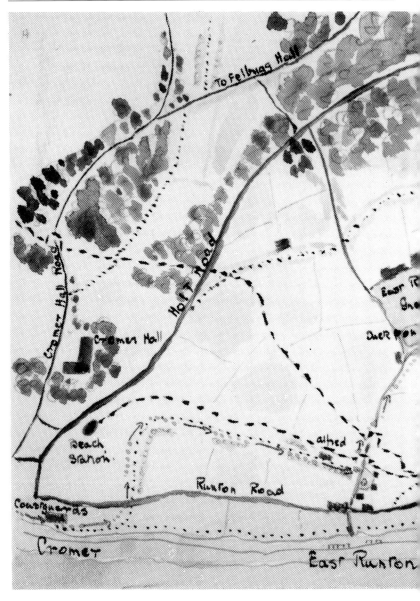

Skizzen von Reisen und Fundorten

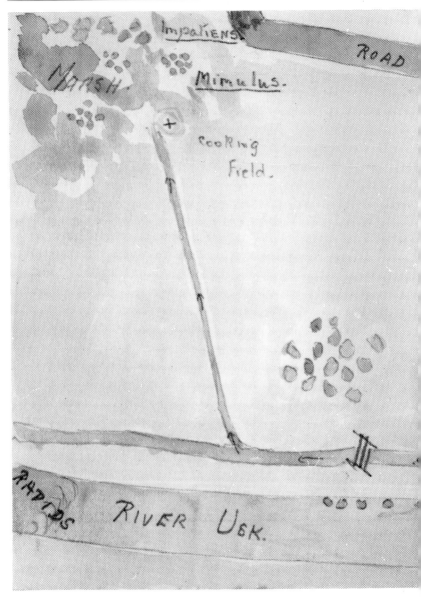

Skizzen von Reisen und Fundorten

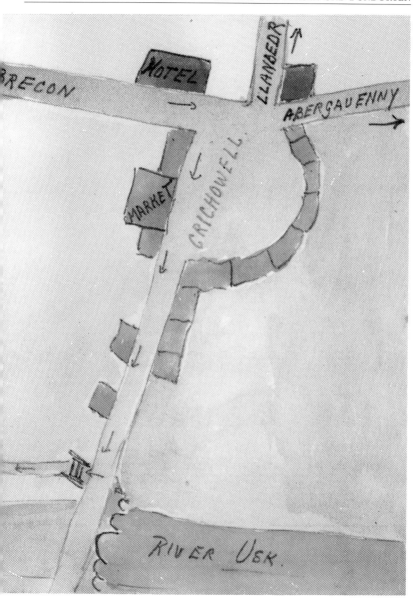

Die mittleren Jahre (1929–1934)

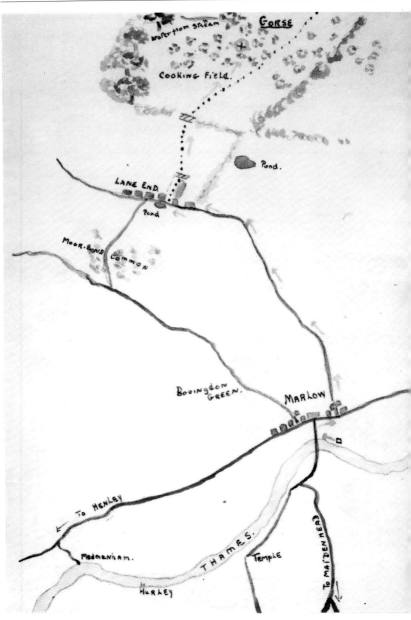

Order XL. LORANTHACEÆ.
Genus 1. Viscum.

V. album. *Mistletoe.* **Fig. 581.**
A parasitic shrub. Stems forked. Leaves opposite. Diœcious. On apple and other trees. March–May. Yellowish; berries white. ($\frac{2}{3}$) *E. B.* 1. 1470. *E. B.* 2. 1386. *H. & Arn.* 191. *Bab.* 153. *Lind.* 133.

Order XLI. CAPRIFOLIACEÆ.
Genus 1. Sambucus.

S. Ebulus. *Dwarf Elder. Dane-wort.* **Fig. 582.**
Leaflets lanceolate. Stem herbaceous. Cymes with 3 branches. Waste ground. Violently purgative. 2–3 ft. Perenn. July. Pink; berries black. ($\frac{2}{3}$) *E. B.* 1. 475. *E. B.* 2. 444. *H. & Arn.* 192. *Bab.* 154. *Lind.* 132.

S. nigra. *Common Elder.* **Fig. 583.**
A large shrub. Leaflets ovate. Cymes with 5 principal branches. Hedges; common. Bark and leaves cathartic. 8–15 ft. June. White; berries black. ($\frac{2}{3}$) *E. B.* 1. 476. *E. B.* 2. 445. *H. & Arn.* 192. *Bab.* 154. *Lind.* 132.

Genus 2. Viburnum.

V. Lantana. *Meal-tree.* **Fig. 584.**
A shrub. Leaves heart-shaped, serrated, downy beneath. Hedges and thickets. 6–12 ft. June. White; berries purple when ripe. ($\frac{2}{3}$) *E. B.* 1. 331. *E. B.* 2. 442. *H. & Arn.* 193. *Bab.* 154. *Lind.* 132.

V. Opulus. *Guelder Rose.* **Fig. 585.**
A large shrub. Leaves 3-lobed, serrated. Outer flowers barren, with one large 5-lobed petal. Woods. 10–15 ft. June. White; berries red. ($\frac{2}{3}$) *E. B.* 1. 332. *E. B.* 2. 443. *H. & Arn.* 193. *Bab.* 154. *Lind.* 132.

Genus 3. Lonicera.

L. Caprifolium. *Perfoliate Honeysuckle.* **Fig. 586.**
A climbing shrub. Upper leaves united round the stem. Woods; rare. May and June. White or purple. ($\frac{2}{3}$) *E. B.* 1. 799. *E. B.* 2. 324. *H. & Arn.* 193. *Bab.* 154. *Lind.* 131.

L. Periclymenum. *Honeysuckle. Woodbine.* **Fig. 587.**
A climbing shrub. Leaves separate. Flowers in terminal heads. Woods; common. June and July. Pale yellow, red outside. ($\frac{2}{3}$) *E. B.* 1. 800. *E. B.* 2. 325. *H. & Arn.* 193. *Bab.* 154. *Lind.* 131.

L. Xylosteum. *Upright Honeysuckle.* **Fig. 588.**
A shrub. Flower-stalks 2-flowered. Thickets in Sussex. June. Pale yellow. ($\frac{2}{3}$) *E. B.* 1. 916. *E. B.* 2. 326. *H. & Arn.* 193. *Bab.* 155. *Lind.* 132.

Genus 4. Linnæa.

L. borealis. **Fig. 589.**
A small creeping shrub. Leaves opposite. Flowers in pairs, drooping. Northern Pine-woods. 6–8 in. Perenn. May and June. White or pale rose-colour. ($\frac{2}{3}$) *E. B.* 1. 433. *E. B.* 2. 884. *H. & Arn.* 194. *Bab.* 155. *Lind.* 132.

Order XLII. RUBIACEÆ.
Genus 1. Rubia.

R. peregrina. *Wild Madder.* **Fig. 590.**
Leaves 4 in a whorl, oval, with prickles on the margin, evergreen. Shady thickets. 8 in. Perenn. July. White. ($\frac{2}{3}$) *E. B.* 1. 851. *E. B.* 2. 218. *H. & Arn.* 195. *Bab.* 159. *Lind.* 131.

Genus 4. SALICORNIA.

Abersuch.
Sunc. 30

S. HERBACEA. *Glasswort.* **Fig. 1041**
Stem erect. Lower branches compound. Spikes cylindrical. Salt marshes and muddy shores. 6–10 in. Ann. Aug. Yellowish green. ($\frac{2}{3}$) *E. B.* 1. 415. *E. B.* 2. 1. *H. & Arn.* 360. *Bab.* 278. *Lind.* 214.

S. PROCUMBENS. *Procumbent Glasswort.* **Fig. 1042.**
Stem procumbent. Branches simple. Spikes tapering. A variety of *herbacea*. Salt marshes. 6 in. Ann. Aug. Yellowish green. ($\frac{2}{3}$) *E. B.* 1. 2475. *E. B.* 2. 1*. *H. & Arn.* 360. *Bab.* 278. *Lind.* 214.

S. RADICANS. *Creeping Glasswort.* **Fig. 1043.**
Stems woody, rooting at the base. Joints compressed. Spikes oblong. Muddy sea-shores. 1 ft. Perenn. Aug. Yellowish green. ($\frac{2}{3}$) *E. B.* 1. 1691. *E. B.* 2. 2. *H. & Arn.* 360. *Bab.* 278. *Lind.* 214.

S. FRUTICOSA. *Shrubby Glasswort.* **Fig. 1044.**
Stems woody. Joints cylindrical. Spikes cylindrical. A variety of *radicans*. 1 ft. Perenn. Aug. Yellowish green. ($\frac{2}{3}$) *E. B.* 1. 2467. *E. B.* 2. 2*. *H. & Arn.* 360. *Bab.* 278. *Lind.* 214.

Genus 5. SALSOLA.

Gromer.
Soft. 33.

S. KALI. *Saltwort.* **Fig. 1045.**
Stems procumbent. Leaves awl-shaped, spine-pointed. Calyx with a membranous expansion. Coasts. 1 ft. Ann. July. Pinkish. ($\frac{2}{3}$) *E. B.* 1. 634. *E. B.* 2. 364. *H. & Arn.* 362. *Bab.* 275. *Lind.* 214.

ORDER LXX. SCLERANTHACEÆ.

Genus 1. SCLERANTHUS.

Brysted +
Charl
c/ 4/y. 32

S. ANNUUS. *Knawel.* **Fig. 1046.**
Stems many, procumbent. Calyx of fruit with erect or spreading segments. Corn-fields; common. 4–6 in. Ann. July. Green. ($\frac{2}{3}$) *E. B.* 1. 351. *E. B.* 2. 591. *H. & Arn.* 362. *Bab.* 125. *Lind.* 218.

Gromer.
Soft. 30.

S. PERENNIS. *Perennial Knawel.* **Fig. 1047.**
Calyx of fruit with incurved segments, edged with a white membrane. Sandy fields. 4 in. Perenn.? Aug.–Nov. Green. ($\frac{2}{3}$) *E. B.* 1. 352. *E. B.* 2. 590. *H. & Arn.* 363. *Bab.* 125. *Lind.* 218.

ORDER LXXI. POLYGONACEÆ.

Genus 1. POLYGONUM.

P. BISTORTA. *Bistort. Snakeweed.* **Fig. 1048.**
Stem simple, bearing one spike. Leaves ovate, waved; the lower ones with a winged foot-stalk. Moist meadows. Root very astringent. 1–1½ ft. Perenn. June–Sept. Pale pink. ($\frac{2}{3}$) *E. B.* 1. 509. *E. B.* 2. 571. *H. & Arn.* 363. *Bab.* 283. *Lind.* 212.

P. VIVIPARUM. *Alpine Bistort.* **Fig. 1049.**
Stem bearing one spike. Leaves linear-lanceolate, with revolute margins. Lower buds of the spike viviparous. Mountain pastures. 6 in. Perenn. July. Pale pink. ($\frac{2}{3}$) *E. B.* 1. 669. *E. B.* 2. 572. *H. & Arn.* 364. *Bab.* 283. *Lind.* 212.

Alcasoch
Func 30

P. AVICULARE. *Knot-grass.* **Fig. 1050.**
Stem procumbent. Leaves elliptic-lanceolate. Flowers axillary. Fruit rough and striated, covered by the calyx. A common weed. 1–6 in. Ann. April–Nov. Pinkish. ($\frac{2}{3}$) *E. B.* 1. 1253. *E. B.* 2. 573. *H. & Arn.* 364. *Bab.* 285. *Lind.* 212.

P

Teil III:
Die letzten Jahre
(1934–1936)

Briefe aus Sotwell

Nachdem er neunzehn Blütenessenzen entdeckt und diese in *Die zwölf Heiler und sieben Helfer* vorgestellt hatte, vespürte Edward Bach das Bedürfnis, sich an einem Ort fest niederzulassen. Er entschied sich für das ihm gut bekannte Themse-Tal, wo er sich besonders wohl fühlte. Schon immer war es sein Wunsch gewesen, mitten in einer naturnahen Landschaft in einem ruhigen Dorf an einem Fluß zu leben. Deshalb empfand er das am Fuß der Chiltern-Hügel gelegene Dorf Sotwell, von wo aus man leicht zu Fuß die Themse erreichen konnte, als idealen Wohnort. Und so dauerte es nicht lange, bis er sich in *Mount Vernon*, einem kleinen Haus mitten in Sotwell niederließ.

Schon bald hatte sich eine Gruppe von Menschen um Edward Bach versammelt, die ihn in seiner Arbeit unterstützten: Nora Weeks, die schon immer bei ihm gewesen war, Victor Bullen, den er in Cromer kennengelernt hatte, und Mary Tabor, eine Dame aus Sotwell. Miss Tabors Haus Wellspring war wesentlich größer als Mount Vernon, und deshalb arbeitete Bach bisweilen dort. Das ist auch der Grund, weshalb »Wellspring« mitunter in Dr. Bachs Briefkopf erscheint.

In diesen letzten beiden Jahren seines Lebens, die er in Sotwell verbrachte, entdeckte er weitere neunzehn Blütenpflanzen und erweiterte die Gesamtzahl seiner Blütenessenzen somit auf achtunddreißig. Er ließ häufig von dem Königlichen Botanischen Garten in Kew Pflanzenproben identifizieren und detailliert bestimmen, was ihm die Möglichkeit gab, die Pflanzen genau zu beschreiben.

Die letzten Jahre (1934–1936)

Edward Bach war hoch erfreut über seine neuen Entdeckungen. Es erschien ihm, als seien endlich die letzten fehlenden Teile des Puzzles zusammengefügt worden, und diese Freude findet auch in seinen Briefen aus jener Zeit beredten Ausdruck.

Eine sehr frühe Fotografie von Mount Vernon, wo Edward Bach von 1934–1936 lebte.

ROYAL BOTANIC GARDENS,
KEW, SURREY.

All communications should be addressed to
THE DIRECTOR,
quoting the following number :—

25th June, 1934.

D. 2736

Dear Sir,

In reply to your letter of the 22nd June, the grass forwarded for identification is <u>Bromus</u> <u>ramosus</u> Huds.

Yours faithfully,

Arthur Hill
Director.

Dr. Edward Bach,
　　Mount Vernon,
　　　　Sotwell,
　　　　　　Wallingford,
　　　　　　　　Berks.

In diesem Schreiben erteilt der Direktor des Königlichen Botanischen Gartens in Kew, Surrey, Dr. Bach Antwort auf eine botanische Anfrage.

Die letzten Jahre (1934–1936)

1. Juli

Mount Vernon
Sotwell
Wallingford
Berks.

Liebe Freunde,

die richtige Auswahl dieser neuen Essenzen ist wesentlich einfacher als zunächst angenommen, denn sie entsprechen alle jeweils einem der zwölf Heiler oder der sieben Helfer.

Zum Beispiel: Angenommen, wir haben es mit einem eindeutigen *Clematis*-Fall zu tun, und die Essenz zeigt zwar Wirkung, ist aber nicht ganz erfolgreich. Weitere Fortschritte verspricht in diesem Fall die Anwendung des entsprechenden neuen Blütenmittels.

Eine Liste der bereits abgeklärten Pflanzen liegt bei. Über die verbleibenden werden wir wohl in nächster Zeit Auskunft erhalten.

Es besteht kein Zweifel daran, daß die neuen Essenzen auf einer anderen Ebene wirken als die alten. Sie wirken mehr nach der spirituellen Richtung hin und helfen uns, jenes große innere Selbst zu entfalten, das alle Ängste, Schwierigkeiten, Sorgen und Krankheiten zu überwinden vermag.

Über diesen Unterschied werden wir sicher künftig einmal besser Bescheid wissen. Aber wir alle haben neben den irdischen Ängsten, deren wir uns so deutlich bewußt sind, gewisse unbekannte Ängste, die mehr Furcht erregen als die wohlbekannten. Und ganz sicher finden sich diese unfaßbaren Ängste häufiger bei denen, die ihren Mitmenschen helfen und auf ihrer irdischen Reise ein wenig Gutes tun möchten.

Edward Bach

Mount Vernon,

Setwell,

Wallingford,

BERKS.

July 1

Dear Friends,

The prescription of these new remedies is going to be much more simple than at first appeared, because each of them corresponds to one of the Twelve Healers or the Seven Helpers.

For example: supposing a case is definitely Clematis and does fairly well but not a complete cure, give the corresponding new remedy further to help the cure.

Enclosed a list of those already worked out; the rest we shall receive in due time.

There is no doubt that these new remedies act on a different plane to the old. They are more spiritualized and help us to develop that inner great self in all of us which has the power to overcome all fears, all difficulties, all worries, all diseases.

We may know more of this difference later on, but in all of us, whilst there are definite earthly fears of which we are so very conscious, there are also those vague un--known fears which are more frightening than those of material things; and there is no doubt that in all of those of us who strive to help our fellow men, who strive to do a little good on our journey through the world, those unknown fears are more common.

Edward Bach.

4. August 1935   Sotwell

Niemand kann im Kreise seiner Mitmenschen für längere Zeit eine führende Position einnehmen, der sich in seinem speziellen Wissensgebiet nicht besser auskennt als seine Anhänger – sei es auf militärischem Gebiet, in der Politik oder in welcher Sphäre auch immer.

Daraus folgt: Wer an der Spitze jener Menschen steht, die sich vorgenommen haben, Sorgen, Nöte, Krankheiten und Verfolgung zu beheben, der muß von diesen Problemen mehr wissen und am eigenen Leib erfahren haben, als seine Anhänger sich vorzustellen vermögen.

                                                                                 Edward Bach

Die zwölf Heiler   Wellsprings
                                                                               Sotwell
                                                                      Wallingford
24. September 1935   Berks.

Lieber Dr. Wheeler,

Was für ein außerordentlicher *Aspen*-Fall. Vielen Dank für Ihren Bericht.

Je mehr wir diese Blütenmittel verwenden, sowohl die neuen neunzehn als auch die alten neunzehn, um so wundervollere Ergebnisse erzielen wir. Und die Leute, die die Essenzen inzwischen kennen, sind so von Glauben erfüllt, daß sie tatsächlich Heilung finden. Sie kommen nicht mehr und sagen: »Können Sie mir helfen?«, sondern erwarten es ganz einfach und halten es für selbstverständlich.

Ihnen herzliche Grüße von uns allen – Edward Bach

Ich habe noch keine Zeit gefunden, mich gründlich mit der Tabelle zu befassen, die Sie mir geschickt haben, hoffe jedoch, Ihnen in dieser Sache in Kürze antworten zu können.

The Twelve Healers.

WELLSPRINGS,
SOTWELL,
WALLINGFORD,
BERKS.

September 24. 1935.

Dear Brother Doctor Wheeler,

What a **splendid** case of Aspen. Thank you so very much for the report.

The more we use these remedies, both the new nineteen and the old nineteen, the more wonderful the results; and the people who know of them have such faith that they can be cured, no longer come and say 'Can you put me right', but just expect it and take it for granted.

Very kindest wishes to you from all of us.

Edward Bach.

I have not yet quite thought out the table you sent, but hoping to let you have a reply about this quite shortly.

25. September 1935
Wellsprings
Sotwell
Wallingford
Berks.

Liebe Freunde,

sagen wir, einer von uns würde für nächsten Mittwoch ein Picknick oder eine Party vorbereiten, dann würden wir alle auf gutes Wetter hoffen, und derjenige von uns, der für die entsprechenden Vorbereitungen verantwortlich wäre, würde vermutlich in den nächsten Tagen wegen des Wetters besorgt sein und ein wenig Angst haben. Vielleicht gibt es sogar welche unter uns, die unter solchen Umständen ein paar Tage lang richtig unglücklich wären.

Aber wenn wir wüßten, daß nächsten Mittwoch entweder schönes oder schlechtes Wetter ist, dann würden wir entweder die Veranstaltung verschieben oder aber entsprechende Vorkehrungen treffen – jedenfalls hätten wir weder unter Angst noch unter Sorgen oder Beklemmungen zu leiden.

Und so müßten wir mit all unseren Ängsten umgehen. Denn sie beruhen allesamt auf Unwissenheit. Und deshalb besteht unser eigentliches Problem darin, uns von dieser Unwissenheit zu befreien und zu *wissen*.

Die Männer auf den Rettungsbooten haben keine Angst, weil sie wissen, daß sie sicher zurückkehren oder daß alles seine Ordnung hat, selbst wenn sie, was selten genug geschieht, dennoch ertrinken sollten.

Angst zieht in gewisser Hinsicht genau das an, wovor wir uns fürchten. Wir führen es also selbst herbei. *Wissen* hingegen würde uns die Angst ersparen, oder um es mit einem Zitat zu sagen: »Ihr werdet die *Wahrheit* erkennen, und die *Wahrheit* wird euch freimachen.«

Als nächstes müssen wir deshalb – und zwar wir alle – lernen, was es heißt zu *wissen*. Und jeder von uns muß dies auf die ihm eigene Art erfahren, und jeder von uns kann derjenige sein, der schließlich die Lösung findet.

Die beiden Patienten, über deren Werdegang einige von Euch bereits informiert sind, zeigen ganz deutlich, daß mangelndes Wissen Angst erzeugt.

Der eine Mann, der Angst hatte, mit dem Zug zu fahren, fragte jedesmal den Lokomotivführer, ob die Notbremse in Ordnung sei, er überprüfte, ob sich die Türgriffe ohne weiteres öffnen ließen, und testete in Bussen regelmäßig, ob die Notausgangstüren funktionierten; jedenfalls hatte er eine Menge auszustehen. In dem Augenblick, da er begriff, daß er dies alles im öffentlichen Interesse und um seiner Mitreisenden willen tat und daß er bei einem möglichen Unfall ganz sicher als letzter davonrennen werde, in dem Moment fiel alle Reiseangst und -qual von ihm ab, und sein Zustand besserte sich erstaunlich rasch.

Im anderen Fall handelt es sich um einen Mann, der sich mehr als vierzig Jahre lang den Wissenschaften verschrieben, dabei ein ungeheuer breites Wissen erworben und nachzuweisen versucht hatte, daß sich für alle Phänomene physikalische Erklärungen finden lassen. Er war unglücklich, streitsüchtig und elend, weil er mit seiner Argumentation nach allen Seiten hin auf unüberwindliche Schwierigkeiten stieß. In dem Augenblick, da er erkannte, daß er sein Dasein damit verbracht hatte zu beweisen, daß hinter allen Erscheinungen ein Gott steht, veränderte sich sein ganzes Leben. Und da er ein großer Wissenschaftler ist, gibt es wohl kaum jemanden, der so geeignet wäre wie er, in dieser Richtung weiterzuforschen.

So wie diesen beiden Menschen ergeht es vielen von uns. Und wir würden unser schwieriges und von glühendem Erkenntnisdrang erfülltes Dasein in ein Leben der Freude verwandeln, wenn wir *wüßten*, statt immer nur zu fürchten.

Und so können wir also wissen, daß diejenigen von uns, die Angst haben, eine wertvolle Arbeit leisten. Nur erkennen wir meistens leider nicht, daß unsere Angst anderen zum Wohle gereicht.

Das große Geheimnis ist offenbar – sich zu fürchten und keine Angst vor der Furcht zu haben, bis wir schließlich begreifen, daß wir uns auf dem rechten Weg befinden und das Richtige tun. Wissen, Klarheit und Wahrheit würden unser Gemüt von jeglicher Angst befreien, aber vielleicht ist es auch ein Aspekt des göttlichen Plans, daß wir erst wirklich über uns hinauswachsen, wenn wir ungeachtet aller Angst weiterkämpfen. Und es ist der Menschheit aufgegeben, einen Weg zum Licht zu entdecken und sich von der Last der Angst zu befreien.

Die wundervollen Blütenessenzen, über die wir verfügen, besonders *Mimulus* gegen körperliche Ängste und *Aspen* gegen die Ängste unseres Gemüts – diese Essenzen, die leidenden Menschen auf wundersame Weise helfen, sie müssen uns von der göttlichen Vorsehung geschenkt worden sein.

In diesem kleinen Zentrum – unserer kleinen Gruppe – erweist sich die Heilkraft der Pflanzen tagtäglich so wundervoll, und wir können ohne Übertreibung nur immer wieder feststellen, daß wir selbst und Hunderte um uns herum jegliche Angst vor Krankheiten verloren haben. Egal welchen griechischen, lateinischen, französischen, englischen oder deutschen Namen die Krankheiten auch tragen mögen, wir wissen und haben zahllose Beweise dafür, daß jegliche Angst vor körperlichen Beschwerden und Leiden verschwindet.

Dies ist ein Schritt in die richtige Richtung.

Mag unser aller großer Schöpfer uns helfen, sein Werk zu befördern, bis kindliche Natürlichkeit und Lebensfreude an die Stelle von Angst und Furcht getreten sind.

Edward Bach

26. Dezember 1935
Wellsprings
Sotwell
Wallingford
Berks.

Liebe Brüder,

entscheidend für unser ganzes Leben ist unser *Wissen* um unseren göttlichen Ursprung – das Bewußtsein, daß wir unbezwingbar, unbesiegbar sind und daß keine Verletzung uns den Sieg vorenthalten wird, den wir im Namen unseres großen Meisters erringen werden.

Und welchen anderen Grund sollte es für Leute wie uns geben – die sich um andere Menschen sorgen, die dienen und soviel Zeit und weltliche Güter wie möglich den Bedürftigen schenken möchten –, dies alles zu tun, wenn wir nicht wüßten, daß wir *göttlichen* Ursprungs sind.

Halten wir diese Wahrheit mit beiden Händen fest und schreiten wir furchtlos voran. Hat es uns je an einem Dach über dem Kopf, an einem Stück Brot oder Käse gefehlt? Ist uns je der Sinn nach anderen als diesen weltlichen Gütern gestanden?

Schreiten wir deshalb – meine Damen und Herren – furchtlos voran und vergessen wir nie, was unser Meister am Ende gesagt hat: »Wahrlich, ich werde bei euch sein bis ans Ende der Welt.«

Edward Bach

Fallbeispiele aus der Blütenpraxis

Nachdem Edward Bachs Blütentherapie in weiteren Kreisen bekannt geworden war, kamen immer mehr Menschen nach Mount Vernon, um sich behandeln zu lassen. Bachs Fallbeispiele, seine Verschreibungshefte und die von ihm hergestellten Urtinkturen werden an seinem letzten Wohn- und Arbeitsplatz bis heute verwahrt.

Die hier abgedruckten Fallbeispiele zeigen, daß organische Beschwerden zwar Erwähnung finden (wie es für einen Arzt ganz selbstverständlich ist), daß Dr. Bach sich bei der Auswahl der Blütenessenzen jedoch ausschließlich an der Persönlichkeit des Patienten und an dessen vorherrschenden Stimmungen orientierte. Die Zahl der im Einzelfall zur Anwendung gelangten Blüten variiert je nach den persönlichen Bedürfnissen – manche Patienten brauchten lediglich zwei oder drei, andere fünf oder sechs, und bisweilen waren sogar acht oder neun Mittel erforderlich.

FALLBEISPIELE AUS DER BLÜTENPRAXIS

Miss Breedon.

Crab Apple. Impatiens. Star Bett.
Mimulus. Aspen. Cherry Plum.
Rock Rose. Agrimony. Sweet Chestnut.

Mr Michael Meers.
　　　　　　　wwman　eyes. hereditary

Chicory. Walnut. Mimulus. Aspen.
Red Chestnut.

Miss Mountford　　　Secretary
Centaury Mustard Honeysuckle Clematis
Agrimony Walnut Scleranthus Oak
Cerato.

Die letzten Jahre (1934–1936)

> 14.
> Miss Burchill (Oates)
> Rock Water
> Water Violet
> ? Selenanthus
> big soul.

50.

Mrs Allcock.

1933.   Sciatica.

July. 10   Imp.

12   Imp. Ag.

13   Imp. Ag.

17.   Gorse + Impatiens

18.   Mim. Scl. Imp.

20   GORSE.

20   Water Violet   Imp.   Vervain.

21st   Water Violet   Imp.   Vervain +

22nd   "   "   "   "

24th   "   "   "   "   pain in leg some

25th   "   "   "   "

26th   Agrimony.

27   Agrimony. + Gentian   back a little better.

28   Agrimony + Gentian

29th   Oak + Scleranthus.

31   GORSE.

Aug. 2.   R. Rose. Mim. Ag. + pain in back less

Aug. 4th Gorse. R. Rose. Mim: Agrimony.
Aug. 8th Clem., Sel. Gent. Chicory.
        Ag. Imp. + Medonal IV
" 10   Ag → Imp.
" 11.   Ag. Imp. Clem. Seler.
" 15.   Rock Water.
" 17.   Rock Water. †
" 24th Rock Water.
" 30th Rock Water → Gorse + †.
Sept. 4th Rock Water → Gorse
" 8th R. Water. Mim. Imp.
" 11. Gentian. Imp. + Med. V
" 14th Gentian. Imp.
" 15.   Vervain. Imp.
" 18th Heather Impatiens.
" 20th Heather Impatiens R. Water. Centaury
" 27.   Cerato. Centaury. Mimulus. Gentian
" 30th Cerato. Centaury.

Fallbeispiele aus der Blütenpraxis

Von Dr. Bach persönlich hergestellte Urtinkturen

Die letzten Jahre (1934–1936)

Die folgenden *Clematis*-Fälle haben wir Dr. Bachs Behandlungsbuch entnommen:

Fall 1: Mann, 37 Jahre alt

VORGESCHICHTE

Wurde von einer Firma geschickt, in der er eine verantwortliche Position bekleidete und unverzichtbare Dienste leistete, weil er seit ein paar Monaten jegliches Interesse an der Arbeit verloren und die Erfüllung seiner Pflichten nicht mehr sonderlich ernst nahm. Seine Frau ist vor einem Jahr gestorben.

AUGENBLICKLICHES BEFINDEN

Ständig schläfrig; hat Schwierigkeiten, morgens wach zu werden; hat ständig das Gefühl, daß es ihm an Selbstvertrauen fehlt und daß er seiner Aufgabe nicht mehr gewachsen ist; gering entwickelte Konzentrationsfähigkeit; völlig mit sich selbst beschäftigt und ohne Interesse an den Geschehnissen um ihn her; ständig abgelenkt.

DIAGNOSE

Das völlige Einverständnis mit dem Scheitern, der mangelnde Antrieb und die verträumt-apathische Haltung weisen auf *Clematis* hin.

DOSIERUNG

1930: 7. Nov.: Zwei Gaben für zwei Tage.
       24. Nov.: Zwei Gaben für zwei Tage.
1931: 2. Jan.: Zwei Gaben pro Tag.

ENTWICKLUNG

Langsame, jedoch kontinuierliche Zustandsbesserung. Der Patient arbeitet inzwischen wieder sehr effizient. Sein Zustand gilt nun wieder als normalisiert. Der seit sechs Wochen zu verzeichnende Nesselausschlag hängt eindeutig mit der Besserung des Befindens zusammen.

Fall 2: Mann, 47 Jahre alt

VORGESCHICHTE

Hat sich in der Großstadt seit Jahren überarbeitet. In den vergangenen drei Monaten fast vollständiger Gedächtnisverlust; vergißt bisweilen sogar Heimatadresse und -telefonnummer; tagsüber häufig schläfrig, kein Interesse an der Arbeit. Vor sieben Jahren schwerer Unglücksfall in der Familie.

AUGENBLICKLICHES BEFINDEN

Leerer Ausdruck; völlig apathisch; recht zufrieden; hat sich damit abgefunden, daß er zu nichts mehr nütze ist; unternimmt keine Anstrengung, an Heilung mitzuwirken; konnte nur mühsam von Freunden dazu gebracht werden, medizinische Hilfe zu suchen.

DIAGNOSE

Die Schläfrigkeit, die Apathie und Interesselosigkeit, die allgemeine Selbstaufgabe – dies alles deutet auf *Clematis.*

DOSIERUNG

1930: 1. Mai: Zwei Gaben.
      4. Sept.: Zwei Gaben.

ENTWICKLUNG

Rasche Zustandsbesserung. Der Patient nahm schon bald seine berufliche Tätigkeit wieder auf und arbeitete bis Ende August durchaus zufriedenstellend. Dann kam es zu einem gewissen

Rückfall, und weitere Dosierungen wurden gegeben. Seither geht es dem Patienten gut. In einem Brief, den er unlängst schrieb, konstatierte er, daß er sich als geheilt betrachtet.

Fall 3: Frau, 38 Jahre alt

Vorgeschichte

Seit frühester Kindheit Asthmatikerin; hat vor sieben Jahren ihre Lieblingstochter verloren; seither arbeitsunfähig. Vor sechs Jahren erstmals Lähmungserscheinungen im rechten Arm und Bein und Sprechschwierigkeiten. Diese Symptome traten nach der Geburt eines Sohnes auf und sind wahrscheinlich auf eine Gehirn-Thrombose zurückzuführen. Die Patientin war damals fast drei Wochen lang bewußtlos.

Augenblickliches Befinden

Gemäßigtes chronisches Asthma. Der rechte Arm ist total gelähmt und empfindungslos und hängt völlig leblos herab; rechtes Bein spastisch; kann nur mit Mühe gehen; sehr steif; kann kaum artikuliert sprechen, so daß sie nur von ihren Angehörigen verstanden wird.

Charakter

Patientin lebt offensichtlich in Traumwelt; ist nicht fähig, sich zu konzentrieren oder ihre Aufmerksamkeit zu bündeln; weint ständig über den Verlust ihrer Tochter.

Diagnose

Der Traum-Zustand, das ausschließliche Leben in der Vergangenheit und das Desinteresse für die Gegenwart weisen auf *Clematis* hin.

Dosierung

24. Nov.: Zwei Gaben für zwei Tage.
1. Dez.: Zwei Gaben für zwei Tage.

Entwicklung

Seit der ersten Dosis sind sämtliche Asthmasymptome verschwunden. Auch ist das Interesse am Alltagsleben plötzlich wieder erwacht. Die Patientin unternimmt alle Anstrengungen, wieder gesund zu werden. Alle traurigen Erinnerungen an die Vergangenheit sind verschwunden; spricht wieder so artikuliert, daß auch Fremde sie verstehen können. Das Bein ist nicht mehr so spastisch und läßt sich wieder natürlicher und leichter bewegen. Die Patientin ist fünf Kilometer gegangen, ohne sich hinterher besonders müde zu fühlen. Auch in den rechten Arm kehren allmählich die Kraft, die Empfindungs- und Bewegungsfähigkeit zurück.

Jede kleinste Besserung ihres Befindens versetzt sie in einen Zustand der Euphorie und der Freude. Tatsächlich bessert sich ihr Befinden kontinuierlich.

Fall 4: Mann, 21 Jahre alt

Hier der Fall eines anderen Patienten, eines 21jährigen Mannes, der unter Verbrennungen infolge eines Elektroschocks litt. Dieser Fall war besonders interessant, denn der Patient wurde sowohl innerlich als auch äußerlich mit den Blütenessenzen behandelt.

Vorgeschichte

Der Patient war am Bau einer Hochspannungsleitung beteiligt und befand sich zum Zeitpunkt des Unfalls oben auf einem zehn Meter hohen Mast. Als er sich gerade an einem unter Spannung stehenden Kabel zu schaffen machte, wurde das Erdungskabel vom Wind gegen seinen Körper gedrückt. So erhielt er einen 700 Volt starken Schlag. Seine rechte Hand umklammerte nun das unter Spannung stehende Kabel, da es nicht möglich ist, die Hand zu öffnen, wenn der Körper unter Strom steht. Als man das Erdungskabel schließlich von seinem Körper weggezogen hatte, stürzte er zehn Meter tief in eine Hecke, die seinen Fall abmilderte. Dort wurde er halb bewußtlos geborgen.

BEHANDLUNG

Am 24. Oktober, vier Tage nach dem Unfall, sah ich den Patienten erstmals. Seine rechte Hand war auf etwa das Dreifache ihrer normalen Größe angeschwollen. Am Daumenballen, zwischen Ring- und Zeigefinger und auch an der Außenseite der Hand waren schwere und tiefe Brandverletzungen zu verzeichnen. Die Hand war völlig gefühllos, taub und schmerzfrei.

Der Patient erhielt zwecks Wiederbelebung der Hand orale *Clematis*-Gaben. Seine Verletzungen wurden außerdem mit einer mit *Impatiens* angereicherten Lotion behandelt.

26. Okt.: Allmählich kehrte Leben in die Hand zurück. Der Handrücken war nun wieder empfindungsfähig, und ließ der Patient die Hand nach unten hängen, so empfand er Schmerzen. Auch die Schwellung nahm ab. Am Morgen dieses Tages war der Patient versehentlich auf einen jungen Hund getreten. Als das Tier zu jaulen angefangen hatte, war er zunächst aufgefahren, hatte sich dann jedoch hingesetzt und »am ganzen Leib gezittert« – genau wie ein paar Tage zuvor, als er den Stromschlag erhalten hatte.

Der Patient war nach außen hin fröhlich und machte nicht viel Aufhebens von seinen Verletzungen.

Ich verschrieb dem Patienten orale *Agrimony*-, *Mimulus*- und *Rock Rose*-Gaben – *Agrimony*, um den Gemütszustand des Patienten angesichts seiner Verletzungen von innen her wieder zu stabilisieren, *Mimulus* zur Beruhigung des Nervensystems, und *Rock Rose*, um etwaige Komplikationen, bespielsweise Blutungen der Wunden, zu verhindern.

28. Okt.: Hand gut abgeschwollen, jedoch bei Berührung schmerzend; erstmals leichte Blutung der Brandverletzungen.
Wir mischten der Calendula-Lotion, mit der die Wunde behandelt wird, ein paar Tropfen *Impatiens* bei. Außerdem erhielt der Patient orale *Impatiens*- und *Agrimony*-Gaben, *Impatiens* gegen die Schmerzen und *Agrimony* – wie schon zuvor – zwecks Stabilisierung des Gemütszustands.

30. Okt.: Die Wunden, an denen bisher kaum Anzeichen einer Heilung zu erkennen waren, fingen nun an zu »arbeiten«, insbesondere am Daumenballen, so daß jetzt der Verband zweimal täglich gewechselt werden mußte. Zwei der Finger zuckten und zitterten. Der Patient war nicht »bei sich selbst« und befand sich immer noch in dem durch seinen Unfall ausgelösten Schockzustand; noch kein Gefühl im Daumen und im Ballenbereich. Die Hand hat fast ihre normale Größe erreicht.
Dem Patienten wurden orale *Scleranthus*-, *Clematis*- und *Gentian*-Gaben verabreicht: *Scleranthus* wegen des Zuckens der Finger, *Gentian* gegen leicht depressive Anwandlungen und *Clematis*, um den Kranken »zurückzuholen«.

2. Nov.« Zustandsbesserung; aber noch immer leichte Taubheit im Daumenbereich.

5. Nov.: Beim Öffnen und Schließen der Finger leichtes Zittern der Hand.
Orale *Clematis*-, *Gentian*- und *Scleranthus*-Gaben: *Clematis* zur Revitalisierung des Daumenbereichs, *Scleranthus* gegen das Zittern und *Gentian* gegen die noch immer bestehende leichte Depression.

11. Nov.: Gute Fortschritte; noch leichte Versteifung der Finger, besonders des noch immer kaum bewegungsfähigen Daumens.

Vervain oral verabreicht und der Lotion zugesetzt, um Steifheit zu bekämpfen.

17. Nov.: Hand wesentlich besser. Patient konnte sogar schon ein wenig tippen. Abgesehen von einer großen Wunde am Daumenballen, dessen Gewebe bis auf die Muskelhaut verkohlt war, sind die Verletzungen praktisch abgeheilt.

Der Patient hat wegen einer noch verbliebenen leichten Steifheit der Finger *Vervain* erhalten. Außerdem wurde auf die noch nicht abgeheilte Wunde eine mit *Impatiens* angereicherte Lotion aufgetragen, für den Fall, daß die Nerven neuerlich Schmerzen verursachen.

18. Nov.: Als der Patient das nächste Mal zum Verbinden kam, konnte er nicht nur den Daumen relativ frei bewegen, sondern er erklärte auch, daß es ihm großartig gehe. Er fühlte sich ungewöhnlich fit und konnte ohne weiteres einen 15 Kilometer weiten Spaziergang unternehmen.

Von diesem Tag an war eine rasche Besserung des Befindens zu konstatieren. Auch die große Wunde heilte nun ab, und an den betroffenen Stellen wuchs überall die Haut ganz natürlich nach. Es zeigte sich nun, daß eine Hauttransplantation nicht nötig war und daß die Hand ihre volle Funktionsfähigkeit zurückgewinnen würde. Nur am Daumenballen, wo der Patient Verbrennungen vierten Grades davongetragen hatte, blieben ein paar geringfügige Narben zurück.

Bei der Lektüre der vorstehenden Fallbeispiele wird Ihnen aufgefallen sein, daß zwar immer wieder von bestimmten vorherrschenden Gemütszuständen die Rede ist, die aus unserer Sicht dafür geeigneten Blütenessenzen jedoch keine Erwähnung finden. Das liegt daran, daß Edward Bach sein Werk noch nicht abgeschlossen hatte, als er diese Fälle behandelte – daher die geringfügigen Abweichungen.

Hätten wir es heute mit der vierten der erwähnten Krankengeschichten zu tun, so würden wir die Wunden höchstwahrscheinlich zu allererst mit *Rescue*-Creme behandeln. Dieses Mittel wurde jedoch erst wesentlich später konzipiert. Dennoch wäre es nicht uninteressant zu erfahren, ob es auch in dem oben beschriebenen Fall positiv gewirkt hätte, falls es Dr. Bach damals bereits zur Verfügung gestanden hätte.

Die letzten Jahre (1934–1936)

Briefe an die Ärztekammer und Appell an den Berufsstand

Nachdem Dr. Bach den großen therapeutischen Wert der Blütenessenzen nachgewiesen hatte, war er entsetzt über die Reaktion, die ihm von seiten seiner Standesgenossen entgegenschlug. In zahlreichen Briefen verlangte die Ärztekammer nun von ihm Auskunft über seine Aktivitäten, über den Status seiner Mitarbeiter und über die von ihm in Tageszeitungen aufgegebenen Anzeigen, in denen er die Öffentlichkeit über das von ihm entwickelte neue Heilverfahren unterrichtete. Nachdem er in dieser Sache längere Zeit mit der Ärztekammer korrespondiert hatte, erhielt er schließlich den Bescheid, man werde ihm die Approbation entziehen, falls er seine Aktivitäten nicht einstelle. Aber Edward Bach war von dem Wert seines neuen Heilverfahrens so überzeugt, daß er nicht bereit war, sich mundtot machen zu lassen. Er stellte sich auf den Standpunkt, daß es die Pflicht des Arztes sei, Kranke zu heilen und ihre Leiden zu lindern. Und entsprechend war auch der Tenor seiner Antwortschreiben, die er an die Kammer richtete.

Letzten Endes wurde Dr. Bach nie aus der Ärztekammer ausgeschlossen.

Ein Appell an meine ärztlichen Kollegen

Nach langen Jahren der Forschung bin ich zu dem Ergebnis gekommen, daß gewissen Pflanzen ganz außergewöhnliche Heilkräfte eigen sind und daß sich mit Hilfe dieser Pflanzen eine Vielzahl von Krankheiten heilen läßt, die die orthodoxe Medizin bestenfalls zu lindern vermag.

Außerdem lassen sich Krankheiten gleich im Anfangsstadium unterbinden, zu einem Zeitpunkt also, da die Betroffenen meistens erklären: »Es ist nicht so schlimm, daß der Arzt kommen müßte.«

Aber wenn wir die Menschen soweit bringen könnten, daß sie Krankheiten bereits im Anfangsstadium behandeln lassen, und wenn wir ihnen versichern können, daß selbst in hartnäckigsten chronischen Fällen Aussicht auf Erfolg besteht, so würde dies auch unserer Arbeit sehr zugute kommen. Denn dann würden ganze Scharen von Patienten Tage, Wochen oder Monate früher als bisher zu uns kommen und könnten vorbeugend behandelt werden. Und zweitens werden die chronisch Kranken nicht nur nach uns rufen, wenn ihre Schmerzen und Leiden unerträglich werden, sondern sie werden vielmehr darauf hoffen, daß wir sie wirklich heilen.

Die erwähnten Pflanzen lassen sich auch im Rahmen einer konventionellen Behandlung als zusätzliche Medikation verschreiben; auf jeden Fall beschleunigen sie bei allen akuten und chronischen Erkrankungen das Heilungsgeschehen.

Wir leben in einer Zeit, da die konventionelle Medizin in diesem Land sich gewissen Krankheiten nicht immer gewachsen zeigt. Wir müssen deshalb versuchen, das Vertrauen der Menschen zurückzugewinnen, und unserem edlen Beruf zu neuem Ansehen verhelfen.

Jeder, der sich mit der menschlichen Natur ernstlich auseinandergesetzt hat, kann die Wirkungsweise dieser Pflanzen leicht verstehen. Eine ihrer Eigenschaften besteht darin, daß sich mit ihrer Hilfe häufig der Ausbruch organischer Erkrankungen verhindern läßt, wenn die Essenzen in jenem funktionalen Zustand eingebracht werden, der nicht selten akuten und chronischen Erkrankungen vorausgeht.

8. Januar 1936   Wellsprings
                                                                              Sotwell
                                          Wallingford, Berks.

An den Präsidenten der Ärztekammer
Sehr geehrter Herr,
da ich von Ihnen ein Schreiben erhalten habe, in dem ich auf die hinsichtlich der Beschäftigung unqualifizierter Mitarbeiter geltenden Bestimmungen hingewiesen worden bin, empfinde ich es als meine Ehrenpflicht, Sie davon in Kenntnis zu setzen, daß ich eine ganze Reihe derartiger Mitarbeiter beschäftige und diese Praxis auch beizubehalten gedenke.

Wie ich der Kammer bereits zu einem früheren Zeitpunkt mitgeteilt habe, betrachte ich es als eine Pflicht und als ein Privileg des Arztes, Kranke wie Gesunde zu lehren, sich selbst zu heilen. Ich stelle daher Ihr weiteres Vorgehen ganz in Ihr Ermessen.

Seit mir der Nachweis gelungen ist, daß die »Kräuter des Feldes« so einfach und wirkungsvoll zu Heilzwecken zu verwenden sind, habe ich der Schulmedizin den Rücken gekehrt.

Als Arzt registriert in:
  Berryfields,
    Park Lane,
      Ashstead,
        Surrey.

8. Januar 1935 　　　　　　　　　　　Wellsprings
　　　　　　　　　　　　　　　　　　　　Sotwell
　　　　　　　　　　　　　　　　　　Wallingford
　　　　　　　　　　　　　　　　　　　　 Berks.

Liebe Freunde,

beiliegend übersende ich Euch die Kopie eines Schreibens, das ich heute an die Ärztekammer gerichtet habe. Diese Institution wird Euch allen schon sehr bald untersagen, Hausbesuche abzustatten.

Die Kranken werden deshalb künftig zu uns kommen müssen, oder aber die Eltern und Angehörigen berichten uns über den jeweiligen Fall.

Dies alles ist sehr gut so, denn schließlich werden jene wieder gesund, die selbst eine Anstrengung unternehmen.

Ganz sicher werden wir uns künftig auf einen großen Andrang gefaßt machen müssen.

　　　　　　　　　　　　　　　　　EDWARD BACH

Die letzten Jahre (1934–1936)

Philosophische Schriften

Auf den folgenden Seiten sind eine Reihe von Texten abgedruckt, die Edward Bach in seinen letzten Lebensjahren verfaßt hat. Vielleicht kommt Ihnen die eine oder andere Passage bekannt vor, denn einzelne Ausschnitte sind von Zeit zu Zeit immer wieder einmal vom *Bach Centre* veröffentlicht worden.

Seid Ihr selbst

Haben Sie schon je darüber nachgedacht, daß Gott Ihnen eine Individualität geschenkt hat? Ja, tatsächlich. Er hat Sie mit einer höchst individuellen Persönlichkeit ausgestattet, mit einem Schatz, der nur Ihnen gehört. Er hat uns ein Leben geschenkt, aus dem wir das Allerbeste machen sollen. Er hat Ihnen eine Aufgabe gegeben, die niemand so gut erledigen kann wie Sie. Er hat Sie – ein göttliches Wesen, ein Gotteskind – in die Welt gesetzt, damit Sie lernen, sich zu vervollkommnen und so viel Wissen wie möglich erwerben, damit Sie sanft und freundlich werden und anderen eine Hilfe sind.

Und haben Sie sich je Gedanken darüber gemacht, wie Gott zu Ihnen spricht und Ihnen Ihre Individualität und Ihre Aufgabe kundtut und Sie wissen läßt, wie Sie Ihr Schiff auf Ihrem ureigenen Kurs halten können? Er spricht zu Ihnen in Ihren aufrichtigen Bedürfnissen, die nichts anderes sind als die Instinkte Ihrer Seele. Wie sonst sollte er zu Ihnen sprechen?

Wenn wir nur auf unsere wahren Bedürfnisse achten und sie – unbeeinflußt durch irgendeine andere Persönlichkeit – befolgen würden, dann würden wir stets recht geleitet werden. Dann würden wir nicht nur auf dem Weg unserer Vervollkommnung voranschreiten, sondern gleichzeitig unser Leben so nützlich und hilfreich für andere gestalten wie nur möglich. Aber solange wir uns von den Bedürfnissen anderer beeinflussen lassen, können wir uns unserer Aufgabe nicht mit voller Kraft widmen und verlieren wertvolle Zeit. Christus hätte seinen Auftrag niemals erfüllen können, wenn er sich von den Überzeugungen seiner Eltern hätte beeinflussen lassen. Und wir hätten eine ganze Armee von Menschenfreunden verloren, etwa Florence Nightingale und zahlreiche andere, wenn diese Menschen den Wünschen anderer nachgegeben und nicht dem Ruf ihres eigenen Herzens gefolgt wären.

Was können wir uns zum neuen Jahr Besseres vornehmen, als künftig unseren wahren Bedürfnissen zu folgen, den Botengängern unserer Seele, und ihnen mutig zu gehorchen.

Zwei weitere Prinzipien des Heilens

Es gibt zwei wichtige Punkte, die der Heiler bei der Behandlung eines Patienten nie außer acht lassen sollte.

Zunächst einmal sollte er den Kranken stets ermutigen, seine Individualität zur Geltung zu bringen, und ihn zweitens lehren, nach vorne zu schauen.

Erst wenn wir uns den Grundsatz »Bleibe dir selbst treu« zu eigen gemacht haben und unsere Individualität und Persönlichkeit voll zum Ausdruck bringen, sind wir gegen Krankheiten geschützt. Sind erst einmal Körper, Seele und Gemüt miteinander in Einklang, so ist es um die Krankheit geschehen.

In unserer heutigen, den Konventionen verhafteten Zeit finden viele es schwierig, sie selbst zu sein, und dennoch ist es möglich.

Jeder Mensch hat eine einzigartige Persönlichkeit, und diese Persönlichkeit sollten wir nicht der heute verbreiteten Tendenz opfern, die Menschen ihres Charakters zu entkleiden und zum Zahnrädchen in einer großen Maschine zu degradieren. Jeder von uns muß sein Leben leben, seine Arbeit verrichten, jeder von uns hat eine wundervolle Persönlichkeit, wir müssen es nur begreifen. Wenn es uns gelingt, diese Individualität gegen alle Zwänge der Massengesellschaft aufrechtzuerhalten, dann helfen wir durch unser leuchtendes Beispiel auch den anderen dabei, an der Entfaltung ihrer Persönlichkeit zu arbeiten.

Zu allen Zeiten standen Menschen, die sich unerschütterlich treu geblieben sind, im Ruf der Genialität – Persönlichkeiten, die an ihrem jeweiligen Platz unbeirrbar ihre Bestimmung erfüllt haben. Die Welt liebt und bewundert all jene, die ungeachtet der öffentlichen Meinung den Mut aufbringen, zu ihrer Aufgabe zu stehen. Und wir alle sollten uns in diesem Sinne zu vollwertigen Individuen entwickeln.

Ein Heiler muß wissen, daß der Mensch krank wird, wenn ihm die Möglichkeit zum spirituellen Selbstausdruck verwehrt wird, wenn er also unter dem Einfluß seiner Umgebung die ihm von Gott übertragene Aufgabe vernachlässigt.

Außerdem muß der Heiler den Kranken lehren, unbeirrbar nach vorne zu schauen.

Die meisten Bergsteiger, Kaminkehrer oder Schiffskapitäne weisen immer wieder darauf hin, daß es in ihrem Beruf ganz wesentlich darauf ankommt, nach vorne beziehungsweise nach oben, jedoch möglichst nie nach hinten respektive unten zu schauen. Und genau dies sollten wir auch unseren Patienten sagen. Untersagen Sie ihnen, auch nur einen Augenblick lang an die Vergangenheit zu denken. Das ist aus und vorbei, und egal, welche Fehler und dummen Sachen wir in der Vergangenheit gemacht haben, wir müssen uns bemühen, dies alles aus unserer Erinnerung zu streichen, denn das Leben hat uns bereits seine Lektionen erteilt, die auch dann tief in unserem Gedächtnis gespeichert sind, wenn wir nicht an sie erinnert werden. Nur der Blick nach vorne oder nach oben erfüllt den Kranken mit Hoffnung und gibt ihm den Mut, sich weiterhin zu bemühen. Wie der Bergsteiger zum Gipfel hinaufblickt, den er bald zu erreichen hofft, so sollten auch wir übrigen Menschen in unserem Leben unsere Augen stets auf die wundervolle Zukunft richten und jeden Blick in die Vergangenheit vermeiden, dem meistens die Depression auf dem Fuße folgt. All unsere vergangenen Fehler und Irrtümer sind nichts weiter als Erfahrungen, aus denen wir lernen können und die uns helfen, den richtigen vom falschen Weg zu unterscheiden. In unserer Seele haben wir ja unsere Lektionen schon gelernt, und wir sollten unser Gemüt nicht durch den Gedanken an vergangene Fehler belasten. Denn egal wie oft wir auf dem Weg zum Gipfel einen Fehltritt getan haben und wie gefährlich die entsprechenden Situationen auch gewesen sein mögen, wir können aus solchen Mißgeschicken nur lernen und sollten sie dann vergessen, da die Lektion ohnehin in uns fortlebt. Entscheidend ist, daß solche Erlebnisse nötig sind, um uns auf unserem Weg vorwärtszubringen, und daß sie uns zum Segen gereichen.

Untersagen Sie deshalb etwaigen Patienten stets, über die Vergangenheit zu sprechen. Die Krankheiten von gestern sind aus und vorbei und heute nicht mehr von Belang. Es gilt allein den gegenwärtigen Zustand des Patienten zu behandeln, also den Menschen, wie wir ihn hier und jetzt vorfinden, und wenn er nächste Woche abermals zu uns kommt, haben wir es in gewisser Hinsicht bereits mit einem neuen Patienten zu tun. In der Zwischenzeit kann das Befinden sich gebessert haben, oder es sind Änderungen eingetreten, und das kann durchaus bedeuten, daß heute eine andere Essenz nötig ist. Und selbst wenn die letzte Konsultation erst eine Woche zurückliegt, so ist alles, was vor acht Tagen noch Gültigkeit hatte, inzwischen Schnee von gestern. In akuten Fällen kann es sogar geschehen, daß sich der Zustand eines Patienten innerhalb von Stunden so rapide verändert, daß man es bereits nach kürzester Zeit gleichsam mit einem neuen Menschen zu tun hat. Unsere Therapie findet im Hier und Jetzt statt, und das Schwelgen in der Vergangenheit geht zu Lasten des Behandlungsergebnisses.

Egal wie schwer die Krankheit auch sein mag, egal was in der Vergangenheit des Patienten auch geschehen sein mag, über seine Krankheit siegen wird er nur, wenn er seine ganze Hoffnung in die Zukunft und auf ein besseres Morgen setzt.

Helfen Sie also den Menschen, den Gotteskindern, sich ihrer gottgegebenen Individualität bewußt zu werden, die sie befähigt, alle Prüfungen und Schwierigkeiten zu bestehen. Helfen Sie ihnen, ihr Schiff sicher über das Meer des Lebens zu steuern und unbeeinflußt von anderen ihren Kurs zu halten. Lehren Sie Ihre Mitmenschen, stets nach vorne zu schauen, denn egal wie weit der Betreffende in der Vergangenheit auch vom Kurs abgekommen und in welchen Unwettern er auch gesegelt sein mag, am Ende der Reise wartet auf jeden von uns der Hafen des Friedens und der Sicherheit.

21. Mai 1936

Alles wahre Wissen hat seinen Ursprung in unserem Inneren, erwächst aus wortloser Kommunikation mit unserem Selbst.

Die Dogmatisierung und Zivilisierung des geistigen Lebens haben uns dem Bewußtsein entfremdet, daß wir bereits alles Wissen in uns selbst tragen.

Wir sind zu dem Glauben überredet worden, wir müßten uns von anderen belehren lassen, und so ist unser spirituelles Selbst in Vergessenheit geraten.

Die Eichel, die Hunderte von Meilen von ihrem Mutterbaum entfernt im Boden versenkt wird, wächst ja ebenfalls ohne Unterweisung zu einer vollkommenen Eiche heran. Die Fische der Meere und der Flüsse legen ganz einfach ihren Laich ab und schwimmen davon. Das gleiche tun die Frösche. Die Schlange legt ihre Eier in den Sand und kriecht ihres Weges. Denn die Eichel, der Laich und die Eier sind im Besitz aller Kenntnisse, die nötig sind, damit die folgende Generation zu gleicher Vollkommenheit heranwächst wie die Eltern.

Junge Schwalben finden über Hunderte von Meilen den Weg in ihr Winterquartier, während die Elternvögel sich noch um die zweite Brut kümmern.

Es ist so wichtig, daß wir uns wieder bewußt werden, daß die ganze Wahrheit in uns selbst liegt. Wir müssen uns wieder darüber klar werden, daß wir für alles Rat und Belehrung in uns selbst finden können.

Christus hat uns gelehrt, daß die Lilien des Feldes, obwohl sie weder arbeiten noch spinnen, schöner gekleidet sind als Salomon in all seiner Pracht.

Und Buddha hat erklärt, daß wir auf dem Pfad der Selbsterkenntnis der Priester und der Bücher nicht bedürfen.

13. 12. 33

Was wir »Liebe« nennen, ist eine Kombination von Gier und Haß, das heißt eine Mischung aus der Sucht nach mehr und der Angst zu verlieren. Deswegen ist das, was wir Liebe nennen, Unwissenheit.

Wahre Liebe ist etwas, was die üblichen Maßstäbe unseres Verständnisses bei weitem übersteigt, eine gewaltige Macht, nämlich völlige Selbst-Vergessenheit, der Verlust unserer Individualität in der Einheit, die völlige Auflösung der Persönlichkeit im Ganzen.

Folglich spricht alles dafür, daß Liebe das glatte Gegenteil von Selbst-Bewußtsein ist.

Wenn wir das begreifen, dann verstehen wir auch die Lehren Christi und sie werden uns nicht mehr lediglich als Gleichnisse erscheinen. Liebe erscheint uns dann als Dienstbereitschaft verbunden mit Weisheit.

Von »Liebe« sprechen wir üblicherweise, wenn jemand uns unaufhörlich gibt und unsere Gier nach immer mehr befriedigt, und »hassen« tun wir all die, die uns etwas wegnehmen, weil dies unsere Verlustangst aktiviert.

Erst wenn wir begreifen, daß wir auf dieser Welt nichts unbedingt für immer festhalten müssen, sondern daß wir alles zu gewinnen haben, dann erlischt in uns jeder Haß, und dann erst sind wir im eigentlichen Wortsinn imstande, »unsere Feinde zu lieben.«

Wer Gott und seine Mitmenschen wahrhaft liebt, der ist von dem Wunsch erfüllt, ganz ohne Belohnung zu dienen.

Am nächsten kommen wir diesem Zustand wahrscheinlich, wenn wir etwas »Unerreichbares« lieben – den Sonnenuntergang, den Sternenhimmel, Musik und die Schönheit der Berge oder einer Moorlandschaft.

In unserem tiefsten Herzen wissen wir ganz genau, daß unsere größten Feinde diejenigen sind, die uns nachgeben, denn indem sie sich unserem Willen fügen, schmieden sie eine Fessel, die kaum zu sprengen ist. Um so dankbarer sind wir meistens, wenn ein solcher Mensch sich von uns freikämpft.

Jeder, den wir uns willfährig machen, über den wir Kontrolle oder Macht ausüben können, stellt eine Bedrohung unserer Freiheit dar. Dabei ist es ganz gleich, ob unser Einfluß auf Liebe oder Macht oder Angst beruht oder auf anderen Formen der Abhängigkeit. In unserer Seele sind wir deshalb all denen zu Dank verpflichtet, die sich weigern, sich von uns versklaven zu lassen, denn solche Versklavung beraubt sowohl den anderen als auch uns selbst unserer Individualität.

Teil IV
Der Abschluß des Lebenswerks

Sobald Edward Bach sich Klarheit darüber verschafft hatte, daß die achtunddreißig Blütenessenzen das ganze Spektrum negativer Gefühlszustände abdecken und daß es weitere Pflanzen nicht zu entdecken gibt, erklärte er sein Lebenswerk für beendet. Dann setzte er sich – wie es seine Art war – sogleich nieder und schrieb noch einmal ein Buch, in dem er den letzten Stand seiner Erkenntnisse darlegte. Dieses Werk nannte er *The Twelve Healers and Other Remedies*.[1]

Danach verbrannte er all seine alten Aufzeichnungen, Broschüren und Bücher – ja selbst seine Fotografien – im Garten von Mount Vernon. Nora und Victor waren »entsetzt«, als sie sahen, daß so viele von Dr. Bachs grundlegenden Werken dem Feuer zum Opfer fielen, aber dieser erklärte, daß seine Arbeit jetzt ihre endgültige Form gefunden habe und daß die letzte Ausgabe von *Die zwölf Heiler* eine vollständige und abschließende Darstellung seiner Entdeckung enthalte.

Was immer ihn zu seinen endgültigen Erkenntnissen geführt habe, so erklärte er – seine Forschungsarbeiten und die früher erschienenen Ausgaben seines Buches –, das alles sei überflüssig und potentiell verwirrend, er habe deshalb alles verbrannt, um seine Leser vor Mißverständnissen zu schützen.

Glücklicherweise entgingen einige seiner Papiere sowie eine Fotografie dem Scheiterhaufen, darunter auch ein Briefwechsel zwischen Edward Bach und seinem Verleger, in dem es um die letzte Ausgabe der *Zwölf Heiler* geht. Bach bat seinen Verlag darum, ebenfalls alle früheren Ausgaben des Buches zu vernichten. Deshalb haben wir aus Achtung vor seinem erklärten Willen diese

---

[1] Übersetzung in Edward Bach, *Blumen, die durch die Seele heilen*, München: Hugendubel, 1980

Bücher, von denen wir noch Kopien besitzen, nicht nachdrucken lassen, um nicht unnötige Verwirrung zu stiften.

Kurz bevor er im November 1936 verstarb, schrieb Edward Bach noch eine ausführliche Einführung zu dem Buch und bat darum, sie in die folgende Auflage mit hineinzunehmen. Nora Weeks versprach, daß sie dafür Sorge tragen werde. Doch die zweite Auflage kam erst 1941 heraus. Seither sind siebzehn weitere Auflagen erschienen.

Nachdem er sein letztes Werk publiziert hatte, machte sich Edward Bach sogleich daran, seine Ergebnisse auf einer Vortragsreise einer breiteren Öffentlichkeit bekannt zu machen. Den ersten dieser Vorträge hielt er am Tag seines fünfzigsten Geburtstags, also am 24. September 1936, im Freimaurer-Zentrum in Wallingford.

ÖFFENTLICHER VORTRAG IN WALLINGFORD (1936)

Public Lecture
IN THE
MASONIC HALL, WALLINGFORD,
ON
Thursday, Sept. 24th
AT 8 P.M.,

1936

Healing by Herbs
For use in every Home,
BY
Dr. EDWARD BACH.

ADMISSION FREE.

S. BRADFORD, PRINTER, ST. MARY'S STREET, WALLINGFORD.

Öffentlicher Vortrag in Wallingford (1936)

Einführung

Schon in den frühesten Zeiten der Menschheitsgeschichte haben Pflanzen Verwendung als Heilmittel gefunden, und soweit unsere Dokumente zurückreichen, finden sich Belege dafür, daß der Mensch daran geglaubt hat, daß es in Wald und Flur Kräuter gibt, die unsere Krankheiten zu heilen vermögen. Schon Jahrhunderte vor Christi Geburt wußten die alten Inder und Araber, aber auch andere Völker mit den Gaben der Natur aufs vortrefflichste umzugehen. Auch die alten Ägypter und später die Griechen und Römer waren mit diesem Heilverfahren vertraut, und diese Tradition hat sich – wenn auch abgeschwächt – bis heute erhalten.

Nun ist es unwahrscheinlich, daß große Völker unterschiedlicher Rassen- und Religionszugehörigkeit jahrtausendelang die in den Kräutern der Natur gespeicherte Heilkraft studiert und sich zunutze gemacht hätten, wenn sich ihre diesbezügliche Annahmen nicht immer wieder bestätigt hätten.

In jenen alten Tagen verschrieben nicht nur die Ärzte in den genannten Ländern solche Kräuter, sondern auch die allgemeine Bevölkerung war sehr gut über die Heilqualitäten gewisser Pflanzen informiert und durchaus imstande, sich in vielen Krankheitsfällen selbst zu heilen.

Auch England macht von dieser Regel keine Ausnahme, obwohl die Verwendung von Naturheilmitteln heutzutage nicht mehr so weit verbreitet ist wie ehedem. Aber noch vor ein oder zwei Generationen, und in abgelegeneren Landstrichen bis heute, gab es in vielen Haushalten Kräuterkästen, und die entsprechenden Pflanzen fanden zur Behandlung alltäglicher Erkrankungen allgemein Verwendung.

Öffentlicher Vortrag in Wallingford (1936)

In den vergangenen vier-, fünfhundert Jahren sind in England etliche Bücher über Pflanzenheilkunde erschienen. Eines der letzten dieser Werke und vielleicht das berühmteste hat ein gewisser Kulpepper vor ungefähr dreihundert Jahren verfaßt. Dieses Buch wird noch heute in den eher ländlichen Gegenden der Britischen Inseln häufig studiert und sehr geschätzt. Und obwohl darin mehr als dreihundert Pflanzen aufgeführt sind – die Beschäftigung mit dem Werk also viel Arbeit erfordert –, ist der Glaube der Menschen an die Wirkkraft der Pflanzen so lebendig geblieben, daß sie sich auch heute noch die Mühe machen, Kulpeppers Ausführungen genau zu lesen und die meisten ihrer Beschwerden entsprechend seinen Anweisungen behandeln.

Es hat in der Geschichte immer wieder Phasen gegeben, in denen Krankheiten fast ausschließlich mit Hilfe von Kräutern behandelt wurden. In anderen Perioden hingegen geriet die Naturheilkunst fast vollständig in Vergessenheit. Wir leben heute in einer solchen Zeit. Aber diese Naturheilverfahren sind so wohltätig, daß sie sich immer wieder durchsetzen.

In früheren Zeiten fiel meistens zugleich mit dem Untergang der großen Kulturen auch das von ihnen angesammelte Wissen dem Vergessen anheim. Aber heute, da Entdeckungen sich rasch über die ganze Welt verbreiten, besteht Anlaß zu der Hoffnung, daß die von uns wiedergefundenen Heilverfahren schon bald international auf Interesse stoßen und künftig nie mehr ganz außer Gebrauch kommen werden. Die Pflanzen, von denen in diesem Vortrag die Rede ist, finden bereits heute – obwohl erst vor kurzem entdeckt – in vielen Teilen der Welt Verwendung.

Ganz sicher haben die Menschen in jenen Zeiten, als man die richtigen Heilkräuter noch kannte, sehr gute therapeutische Erfolge erzielt und unerschütterlich an die Wirkkraft dieser Pflanzen geglaubt. Wäre dies nicht so gewesen, dann hätte das Vertrauen in die Heilkraft der Pflanzen wohl kaum über viele Jahrtausende den Aufstieg und Niedergang ganzer Imperien überlebt.

Die medizinische Verwendung der reinen und wohltätigen Heilsubstanzen der Natur kommt uns allen gewiß entgegen und bringt tief in unserm Innern eine Saite zum Klingen, die uns sagt: Dies ist der Weg der Natur, und so soll es sein.

Von der Natur erhoffen wir vertrauensvoll alles, was wir zum Leben brauchen: Luft, Licht, Nahrung und so fort. Warum sollten da in dem großen Buch der allnährenden Natur ausgerechnet jene Substanzen vergessen sein, die wir brauchen, um unsere Krankheiten zu heilen.

Wir haben also gesehen, daß die Naturheilverfahren bereits in den frühesten Zeiten der menschlichen Geschichte praktiziert wurden und daß sie in all den Jahrhunderten seither nichts von ihrem Ruhm eingebüßt und nicht selten in der Medizingeschichte eine hervorragende Rolle gespielt haben.

Das System, von dem hier heute abend die Rede ist, hat gegenüber anderen Verfahren große Vorteile.

1. Alle Essenzen werden aus den wundervollen Blumen, Pflanzen und Bäumen der Natur hergestellt. Sie sind ungiftig und völlig unschädlich, egal wieviel man davon einnimmt.

2. Es gibt nur 38 Essenzen, d. h., die Auswahl des passenden Mittels ist einfacher, als wenn es sehr viel mehr Essenzen wären.

3. Die Methode, nach der die jeweiligen Essenzen dem Kranken verschrieben werden, ist so einfach, daß fast jeder sie versteht.

4. Die Heilungserfolge sind so außerordentlich befriedigend, daß sie sowohl die kühnsten Erwartungen der Patienten übertroffen haben als auch jener, die mit dieser Methode arbeiten. Diese Pflanzen sind immer wieder auch in Fällen hilfreich gewesen, in denen andere Therapien versagt haben.

Nachdem ich Ihnen nun eine Vorstellung davon vermittelt habe, seit wie langer Zeit Naturheilverfahren bereits mit großem Erfolg praktiziert werden, möchte ich jetzt auf die beiden Hauptpunkte des heutigen Abends zu sprechen kommen.

Teil zwei

Zwei Dinge stehen heute abend im Mittelpunkt meiner Ausführungen. Erstens möchte ich über ein neues Verfahren der Pflanzenheilkunst sprechen und zweitens Ihnen alle Ängste nehmen, die Sie möglicherweise mit der Vorstellung »Krankheit« verbinden.

Obwohl es erst etwa sieben Jahre zurückliegt, seit ich die ersten von insgesamt achtunddreißig Heilpflanzen entdeckt habe, hat sich in dieser kurzen Zeit schon erwiesen, daß diese Pflanzen über außerordentliche Heilkräfte verfügen.

Dieser Beweis konnte nicht nur in Großbritannien und auf dem europäischen Kontinent erbracht werden, sondern auch in so weit entfernten Ländern wie Indien, Amerika, Neuseeland, Australien und so fort.

Es ist fast unmöglich, Ihnen über die Zahl von Menschen nähere Auskunft zu erteilen, die von der neuen Methode profitiert haben, da sie über die ganze Welt zerstreut sind. Aber eines wissen wir: daß nämlich Abertausenden kranker Menschen, die selbst eine Heilung nicht mehr für möglich hielten, geholfen werden konnte.

Die wichtigsten Vorteile dieser Pflanzentherapie sind:

1. Die Essenzen werden ausnahmslos aus den Blüten schöner Pflanzen und Bäume gewonnen, und keine von ihnen ist gefährlich oder kann irgendeinen Schaden anrichten.

2. Ihre Anwendung erfordert keinerlei medizinische Kenntnisse und ist so einfach, daß jeder sich mit diesen Mitteln auch zu Hause selbst behandeln kann. Machen Sie sich nur einmal klar, was das bedeutet.

In fast jedem Dorf und jeder Stadt gibt es Menschen, die mehr oder weniger stark den Wunsch verspüren, Leiden zu lindern und Kranke zu heilen, denen es jedoch die Umstände verwehrt haben, Arzt oder Krankenschwester zu werden, oder die keine Möglichkeit gesehen haben, ihren Wunsch in die Tat umzusetzen.

Mit Hilfe dieser Pflanzen sind solche Menschen imstande, im Kreis ihrer Familie, ihrer Freunde und Bekannten in Krankheitsfällen zu helfen.

Neben ihrem Beruf können solche Menschen deshalb eine Menge Gutes tun, und tatsächlich geschieht dies heute schon allenthalben. Manche von ihnen haben inzwischen ihren ursprünglichen Beruf aufgegeben, um sich künftig ganz dieser neuen Theapie zu verschreiben.

Das heißt: All jene, die sich schon immer gewünscht, ja davon geträumt haben, den Leidenden zu helfen, sie alle können diesen Traum nun in die Tat umsetzen – sei es in der eigenen Familie oder in größerem Rahmen.

Im übrigen möchte ich nochmals darauf hinweisen, daß die Verwendung dieser Pflanzen keiner medizinischen Vorkenntnisse bedarf, selbst der Name der Krankheit ist für die Behandlung ohne Belang. Entscheidend ist nicht die Krankheit, sondern einzig der Patient. Es kommt nicht darauf an, die sogenannte Krankheit zu behandeln, denn ein und dieselbe Krankheit kann bei verschiedenen Menschen zu höchst unterschiedlichen Ergebnissen führen. Falls die Wirkungen bei allen Menschen stets gleich wären, so wäre es leicht, die betreffende Krankheit beim Namen zu nennen. Aber dies ist eben nicht der Fall, und deswegen ist es in der Heilkunst oft so schwierig, bestimmten Beschwerden, unter denen ein Patient leidet, einen Namen zu geben.

Wichtig ist nicht die Krankheit, sondern allein der Patient – sein vorherrschender Gemütszustand und seine Persönlichkeit.

Im Alltagsleben kommt immer wieder unser Charakter zum Vorschein. Dieser Charakter setzt sich zusammen aus unseren Vorlieben und Abneigungen, unseren Ideen, Gedanken, Wünschen, Ambitionen, er zeigt sich auch in der Art und Weise, wie wir andere behandeln und so fort.

Nun ist dieser Charakter kein körperliches Merkmal, sondern ein psychisches Phänomen. Und die Psyche beziehungsweise das Gemüt ist der empfindlichste »Teil« des Menschen. Kann es daher verwundern, daß die ersten Anzeichen einer Krankheit sich in den Stimmungen unseres Gemüts widerspiegeln? Und die Orientierung an diesen Stimmungen ist deshalb wesentlich zuverlässiger als die Suche nach organischen Symptomen.

Veränderungen unseres Gemütszustandes geben uns eindeutige Hinweise auf die benötigte Essenz, und das häufig schon lange bevor körperliche Beschwerden auftreten.

Im folgenden möchte ich nun darauf zu sprechen kommen, warum ein und dieselbe Krankheit bei verschiedenen Menschen höchst unterschiedlich zutage tritt.

Wir alle wissen, daß identische Krankheiten je nach Individuum unterschiedliche Wirkungen zeitigen: Wenn Tommy die Masern bekommt, so reagiert er vielleicht äußerst reizbar, während Sissy nur ruhig und schläfrig daliegt; Johnny wiederum möchte gehätschelt werden, der kleine Peter ist ängstlich und nervlich völlig aufgelöst, während Bobbie in Ruhe gelassen werden möchte und so weiter.

Wenn aber eine Krankheit so verschiedene Wirkungen zeigt, dann genügt es ganz offensichtlich nicht, allein die Symptome zu behandeln, vielmehr sollte man sich um Tommy, Sissy, Johnny und Peter beziehungsweise Bobbie kümmern und jeden von ihnen individuell heilen – und dann heißt es: Masern ade!

Man kann jedoch gar nicht häufig genug betonen, daß nicht die Symptome der Masern selbst den Weg zur Heilung weisen, sondern die Reaktion des Kindes auf das entsprechende Krankheitsgeschehen. Und die vorherrschende Stimmung des Kindes läßt den sichersten Aufschluß darüber zu, was der spezielle kleine Patient tatsächlich braucht.

Und genau wie die Stimmungen uns bei der Behandlung von Krankheiten den Weg weisen, so geben sie uns auch im Vorfeld bereits einen Hinweis auf etwa drohende gesundheitliche Gefährdungen, so daß wir rechtzeitig eingreifen und Schlimmeres verhindern können.

Zum Beispiel kommt der kleine Tommy ungewöhnlich müde oder schläfrig oder reizbar von der Schule nach Hause, oder er möchte gehätschelt oder allein gelassen werden und so weiter. Er ist »nicht ganz er selbst«, wie wir sagen. Freundliche Nachbarn kommen herein und erklären: »Bei Tommy ist eine Krankheit im Anzug. Ihr müßt noch ein wenig warten, bis ihr Genaueres wißt.« Aber warum warten? Wenn Tommy rechtzeitig entsprechend seinem Stimmungszustand behandelt wird, so kann man dafür sorgen, daß er wieder »ganz er selbst« wird und die Krankheit gar nicht erst zum Ausbruch kommt.

Und so verhält es sich immer: Bevor eine Krankheit zum Ausbruch kommt, fühlt sich der Betroffene meistens eine Zeitlang erschöpft und ermattet. Dies ist genau der rechte Zeitpunkt, um den Gemütszustand des potentiellen Patienten zu behandeln, ihm neue Spannkraft zu geben und so eine weitere Fehlentwicklung zu unterbinden.

Vorbeugen ist besser als heilen, und diese Essenzen bewirken, daß wir uns wohlfühlen, außerdem schützen sie uns vor Krankheitsattacken.

Soviel über die Anfangsstadien der Krankheiten. Lassen Sie uns nun über jene sprechen, die sich bereits seit mehr oder weniger langer Zeit mit einem bestimmten Leiden herumquälen. Auch in solchen Fällen besteht aller Grund, auf Besserung oder gar Genesung zu hoffen. Lassen Sie nie zu, daß jemand den Glauben aufgibt, es könne mit ihm oder ihr wieder aufwärts gehen. Die Essenzen, von denen hier die Rede ist, haben bereits so wundervolle Heilungen bewirkt, selbst in angeblich hoffnungslosen Fällen, daß heute überhaupt kein Anlaß mehr besteht zu verzweifeln.

Ehemals chronisch kranke Menschen können nach einer Behandlung mit diesen Mitteln heute wieder ein nützliches und glückliches Leben führen und blicken voll Zuversicht in die Zukunft.

Niemand braucht Angst vor dem Namen zu haben, den die Schulmedizin bestimmten Krankheiten gegeben hat. Was ist schließlich schon ein Name? Und es gibt keine Krankheit, die schlechthin unheilbar wäre. Dies jedenfalls kann ich bestätigen, denn ich kenne etliche Patienten, die unter den am meisten gefürchteten Krankheitszuständen litten und geheilt werden konnten. Und wenn dies bei einigen Patienten der Fall ist, dann gilt das gleiche Prinzip für alle. Bisweilen dauert es in angeblich sehr schwierigen Fällen weniger lange, den Kranken zu heilen, als in sogenannten Bagatell-Fällen. Der Krankheitsverlauf hängt mehr von der Persönlichkeit des Patienten ab als von der Benennung des Leidens.

Im übrigen werden bei uns chronische Erkrankungen nicht anders behandelt als leichte, kurze oder sogar lediglich drohende Unpäßlichkeiten.

Denn auch wenn wir uns bereits seit längerem mit einem bestimmten Leiden herumplagen, so bleibt unser Charakter dennoch der gleiche, und auch unsere Wünsche, Hoffnungen, Ideen, Vorlieben und Abneigungen und so fort verändern sich nur unwesentlich.

Um es also noch einmal zu sagen: Der Heiler muß einzig und allein darauf achten, wie der Patient auf die Krankheit reagiert. Ist dieser niedergeschlagen, hat er jegliche Hoffnung auf Besserung aufgegeben, befürchtet er, sein Zustand könnte sich noch weiter verschlimmern, ist er reizbar, sehnt er sich nach menschlichem Zuspruch, möchte er in Ruhe gelassen werden und so fort. Und dann muß man die Essenz oder die Essenzen auswählen, je nach den vorherrschenden Gemütszuständen.

Und auch hier kann man genau wie angesichts drohender Krankheitszustände wieder die Beobachtung machen, daß das Leiden gar nicht erst auftritt respektive sogleich verschwindet, wenn es uns gelingt, den Patienten wieder »zu sich selbst« zu bringen. Wenn also beispielsweise in chronischen Fällen die diversen Stimmungen, Depressionen, Ängste und so weiter sich auflösen, der Patient also wieder zu sich selbst kommt, dann ist alsbald auch die Krankheit verschwunden, egal worum es sich im einzelnen auch handeln mag.

Dann gibt es noch eine andere Art von Menschen, die zwar nicht ernsthaft krank sind, jedoch ständig irgendein Problem haben. Meistens sind solche Wehwehchen nicht sonderlich gefährlich, aber sie erschweren das Leben, und manch einer wäre überaus glücklich, wenn sich diese Beschwerden abstellen ließen. Häufig haben die Betreffenden schon alles mögliche ausprobiert, um ihr Problem endlich loszuwerden, doch vergeblich. Die Menschen, von denen hier die Rede ist, klagen beispielsweise häufig über Kopfweh, oder sie leiden alljährlich unter einer starken Erkältung oder einem Katarrh, oder haben Probleme mit Rheumatismus oder Verdauungsbeschwerden oder Schwierigkeiten mit den Augen, oder aber sie suchen Hilfe wegen asthmatischer Beschwerden oder einer leichten Herzinsuffizienz oder Schlaflosigkeit, oder was immer es auch sein mag.

Und welche Freude ist es, wenn man solchen Menschen helfen kann, gerade wenn sie schon fast davon überzeugt sind, daß sie sich ihr Leben lang mit dem betreffenden Leiden werden herumschlagen müssen, oder befürchten, daß ihr Zustand sich mit zunehmendem Alter noch verschlimmern wird. Solche Fälle sind heilbar, und oft genug bessert sich der Zustand bereits kurz nach Beginn der Behandlung.

Dann gibt es noch eine andere Kategorie von Leuten: nämlich Menschen, die zwar gesund und bei Kräften sind und dennoch unter bestimmten Schwierigkeiten leiden.

Solche Charaktere haben etwa Probleme, weil sie bei der Arbeit oder in der Freizeit zu ängstlich oder zu enthusiastisch auftreten und sich auf diese Weise selbst ihrer Energie berauben. Andere leiden unter permanenter Versagensangst und fühlen sich anderen stets unterlegen. Wieder andere wissen nicht, was sie wollen, oder sie leben in beständiger Angst um ihre Angehörigen. Manche fürchten stets das Schlimmste, selbst wenn dazu überhaupt kein Anlaß besteht, und dann gibt es die, die überaktiv und ruhelos sind und nie ihren Frieden finden, und schließlich sind da noch die Übersensiblen, die Scheuen und Nervösen und so fort. All die vorstehend aufgezählten Zustände bereiten den Betroffenen Sorgen und beeinträchtigen ihr Lebensglück, aber sie alle lassen sich beheben.

Dies alles zeigt schon, welche Heilkraft den Kräutern der Natur innewohnt, sofern man nur die richtigen kennt. Nicht nur daß sie uns stärken und vor Krankheit beschützen, nicht nur daß sie drohende organische Beschwerden im Keim ersticken, nicht nur daß sie uns Linderung verschaffen und uns heilen, wenn wir körperlich und seelisch überfordert sind, nein, sie erfüllen unser Gemüt auch in solchen Situationen mit Frieden, Harmonie und Freude, wenn uns gesundheitlich eigentlich überhaupt nichts zu fehlen scheint.

Um es noch einmal zu sagen – ganz gleich ob ein Mensch erschöpft ist oder den Kontakt zu sich selbst verloren hat, ob es sich um reine Prophylaxe handelt oder um eine kurze oder lange Krankheit, entscheidend ist, daß wir den Patienten behandeln, und zwar entsprechend seinem Charakter, seiner Individualität, seinem vorherrschenden Stimmungszustand. Wenn wir das tun, so kann überhaupt nichts schiefgehen.

Bedenken Sie, wie tief dies alles auch jene Menschen mit Freude erfüllt, die etwas für die Kranken tun und selbst denen helfen möchten, bei denen die Schulmedizin versagt. Denn wenn sie sich dieses Verfahren zu eigen machen, dann können sie ihre Mitmenschen heilen.

Und denken Sie nur daran, wie dies alles den Ausblick auf unser ganzes Leben verändert – auf ein Dasein ohne Angst und voll Hoffnung.

Ich habe dieses Verfahren der Heilkunst entwickelt und öffentlich bekannt gemacht, damit Menschen wie Sie sich selbst zu helfen wissen, sei es im Krankheitsfall oder im Auf und Ab des Lebens überhaupt. Diese Methode verlangt keine wissenschaftlichen Vorkenntnisse, sondern nur Verständnis und Mitgefühl für den Menschen, und diese Voraussetzungen bringt fast jeder von uns mit.

Die Blütenessenzen

Es verbleibt am heutigen Abend nicht mehr die nötige Zeit, über sämtliche achtunddreißig Blütenmittel ausführlich zu sprechen. Und das ist auch gar nicht nötig, weil der für die praktische Anwendung der Mittel ausschlaggebende Grundgedanke sich ohne weiteres erschließt, wenn ich Ihnen unsere Vorgehensweise anhand von drei oder vier Beispielen erläutere.

Dabei spielt es keine Rolle, ob es sich im konkreten Fall um das Opfer eines Unfalls, einer akuten oder chronischen Erkrankung oder einen ansonsten völlig gesunden Menschen handelt. Wenn in dem gegebenen Fall der Faktor Angst von Bedeutung ist, dann muß eine der Essenzen zum Einsatz gelangen, die bei Angst helfen können.

Das heißt natürlich nicht, daß nicht auch andere Essenzen erforderlich wären. Wenn andere relevante Gemütszustände ins Spiel kommen, so kann durchaus ein zusätzliches Mittel ratsam sein; das kommt ganz auf den individuellen Fall an.

Die Angst in ihren verschiedenen Formen ist ein sehr verbreiteter Gefühlszustand, und zwar nicht nur bei kranken, sondern auch bei ansonsten völlig gesunden Menschen. Aber egal wie der Fall im einzelnen auch liegen mag, die Essenzen helfen uns, jene große Last abzuwerfen, die wir Angst nennen.

Es gibt fünf Typen der Angst und folglich für jede dieser Arten eine besondere Essenz.

Die erste dieser Untergruppen ist das Entsetzen oder die panische Angst. Von diesem Gefühl kann entweder der Patient selbst heimgesucht werden, es kann aber auch jene überfallen, die sich wegen des ernsten Zustands des Kranken Sorgen machen. Es tritt beispielsweise bei akuten Krankheiten auf oder bei einem Unfall, jedenfalls stets in Notsituationen. Die Blütenessenz, die in einem solchen Fall unverzüglich zu verabreichen ist, heißt *Rock Rose* (Gemeines Sonnenröschen).

Diese schöne Pflanze mit ihrer gelben Blüte wächst vorzugsweise in steinig-felsigem Hügelland. Eine kultivierte Varietät findet man auch häufiger in Steingärten, obwohl für Heilzwecke stets die wild wachsende Art gewählt werden sollte.

Diese Essenz hat eine erstaunliche Wirkung, und schon so mancher, der sie in einem akuten Notfall eingenommen hat, hat innerhalb von Minuten oder wenigen Stunden eine deutliche Besserung seines Zustands festgestellt.

Die Indikationen, bei denen diese Essenz zum Einsatz gelangt, sind: Panik, Entsetzen, Gefahr für Leib und Leben.

Die zweite Art der Angst ist weiter verbreitet und kommt im Alltag immer wieder vor.

Es handelt sich dabei um die ganz normale Angst, von der wir immer wieder einmal heimgesucht werden – Angst vor Unfällen, Angst vor Krankheiten, Angst vor der Verschlechterung unseres Befindens, Angst vor der Dunkelheit, Angst vor dem Alleinsein, Angst vor Einbrechern oder vor einem Feuer oder vor Armut oder vor Tieren oder vor anderen Menschen und so fort. Diese Angst bezieht sich stets auf ganz konkrete Dinge, seien sie berechtigt oder nicht.

Die Essenz, die in solchen Fällen Abhilfe schafft, ist *Mimulus* (Gefleckte Gauklerblume), eine wunderschöne Pflanze, die an Moschus erinnert. In manchen Sommern wächst sie unten an dem Fluß in Ewelme, der neben der Straße herführt.

Die dritte Art der Angst ist ein diffuses Gefühl, für das sich ein konkreter Anlaß nicht angeben läßt. Man könnte diese Furcht vielleicht mit der unbestimmten Ahnung vergleichen, daß etwas Schlimmes geschehen könnte, obwohl der Charakter der Bedrohung völlig im dunkeln bleibt.

Bei solchen Angstzuständen, für die sich keine konkreten Gründe angeben lassen, die jedoch gleichwohl real sind und den Betreffenden stören, bringt *Aspen* (Espe) Linderung. In vielen Fällen haben die Blüten dieses Baumes bereits wahre Wunder gewirkt.

Die vierte Art der Angst stellt sich ein, wenn wir befürchten, seelisch an die Grenze unserer Belastbarkeit gelangt zu sein. In solchen Situationen sind wir manchmal versucht, Dinge zu tun, die uns sonst niemals auch nur für einen Augenblick in den Sinn kommen würden. In dieser Lage hilft am besten *Cherry Plum*, die Blütenessenz der Kirschpflaume, die auch in dieser Gegend häufig in Hecken wächst. Diese Essenz vertreibt falsche Ideen und stärkt die Gemütskräfte und das Selbstvertrauen.

Und schließlich gibt es noch die Angst um andere, insbesondere um Menschen, die uns nahestehen. Wenn etwa ein Kind zu spät nach Hause kommt, so stellt sich bei manchem Menschen sogleich der Gedanke ein, es sei etwas Schlimmes passiert. Oder wenn unsere Lieben in die Ferien fahren, so lebt so mancher von uns in der beständigen Furcht, es könne ihnen unterwegs etwas zustoßen. Aus einer Grippe wird eine schwere Krankheit und aus einem Husten eine akute Bedrohung für Leib und Leben. Menschen in diesem Zustand fürchten für ihre Freunde und Familienangehörigen stets nur das Schlimmste.

Die aus den Blüten der Roten Kastanie gewonnene Essenz *Red Chestnut* löst solche grundlosen Befürchtungen auf und lenkt unser Denken wieder in normale Bahnen.

Es ist ziemlich leicht, diese fünf Arten der Angst auseinanderzuhalten, da jeder der betreffenden Zustände eindeutig definiert ist. Und obwohl die verschiedenen Formen der Angst am häufigsten der Behandlung bedürfen, reicht eine einzige oder eine Kombination mehrerer aus den fünf Essenzen aus, um alle derartigen Zustände erfolgreich zu therapieren.

Die restlichen dreiunddreißig Essenzen decken alle sonstigen Gemütszustände ab, von denen wir Menschen noch heimgesucht werden können. So gibt es etwa Mittel, die für jene bestimmt sind, die unter einer gewissen Unsicherheit leiden und nie recht wissen, was sie wollen oder was richtig für sie ist. Andere Essenzen helfen gegen Einsamkeit, wieder andere sind für übersensible Menschen bestimmt, dann gibt es noch welche gegen Depressionen und so weiter. Im übrigen bereitet es keinerlei Probleme, die Essenz oder die Kombination von Essenzen auszuwählen, die ein Patient im gegebenen Fall braucht.

Und noch einmal – worauf es ankommt, ist das folgende: So unglaublich es auch klingen mag, Sie brauchen den Patienten nur mit Hilfe der entsprechenden Essenzen und nach den vorgenannten Prinzipien von seinen störenden Stimmungen zu befreien, und der Behandlungserfolg ist Ihnen sicher.

Der Freimaurer-Vortrag (1936)

Einleitung

Ich werde Ihnen heute abend keine Einzelheiten über die wundervollen Pflanzen mitteilen, die eigentlich Gegenstand dieses Vortrags sind. Die entsprechenden Details können Sie meinem Buch entnehmen.

Die Hauptprinzipien meines Verfahrens sind folgende:

1. Die Methode verlangt von demjenigen, der sie anwendet, keinerlei medizinische Vorkenntnisse.

2. Die organische Symptomatik ist völlig ohne Belang.

3. Der wichtigste Aspekt unseres psycho-organischen Systems ist das Gemüt, und folglich ist es am verläßlichsten, sich bei der Auswahl der Essenzen von den entsprechenden psychischen Zuständen leiten zu lassen.

4. Entscheidend ist allein, wie der Patient auf seine Krankheit reagiert – nicht hingegen die Erkrankung selbst.

5. Gefühlszustände wie Angst, Niedergeschlagenheit, Zweifel, Hoffnungslosigkeit, Reizbarkeit, der Wunsch nach Zuspruch oder Alleinsein oder auch Unentschiedenheit – diese Zustände lassen Rückschlüsse darauf zu, wie der Patient auf sein Leiden reagiert und welche Essenzen er braucht.

Es ist kaum nötig, daß ich die außerordentlichen Heilkräfte dieser Blütenessenzen hier noch einmal erwähne, und genauso erübrigt sich der Hinweis darauf, daß Tausende von Menschen, die schon jede Hoffnung auf eine Veränderung ihres gesundheitlichen Befindens aufgegeben hatten, mit Hilfe dieser Mittel geheilt werden konnten. Auch konnten wir eine große Zahl von Menschen von alltäglichen Erkrankungen kurieren und eine nicht minder große Gruppe bereits im Frühstadium vor dem Ausbruch einer Krankheit schützen.

Außerdem hat sich der Ruhm dieser Pflanzen inzwischen soweit herumgesprochen, daß sie nicht nur auf den Britischen Inseln, sondern in vielen Teilen der Welt Verwendung finden.

Die Prinzipien dieses Heilverfahrens sind so einfach, daß beinahe jeder sie verstehen kann. Auch kann jeder die Kräuter selbst sammeln und daraus die entsprechenden Essenzen bereiten, wenn es ihm beliebt.

Teil zwei

Brüder, man hat uns gelehrt, daß wir innerlich Anteil haben an einem unsterblichen Prinzip.

In all den Jahrhunderten menschlicher Geschichte, von denen wir Kunde haben, hat der Mensch immer geglaubt, daß er von etwas belebt sei, das größer und erhabener sei als sein Körper und über das Grab hinausweist. Dieser Glaube hat den Menschen seit undenklichen Zeiten erfüllt.

Wir sind uns alle bewußt, daß unser Körper nicht die einzige Ursache unserer Schwierigkeiten ist. So sagen wir beispielsweise nicht: »Mein Körper ist besorgt oder niedergeschlagen oder hat Angst.« Vielmehr sagen wir: »Ich mache mir Sorgen, bin niedergeschlagen oder habe Angst.« Auch sagt wohl niemand: »Meine Hand tut sich weh.« Nein, wir sagen: »Meine Hand tut mir weh.«

Wenn wir nichts als Körper wären, so gäbe es für uns nichts als unseren eigenen Vorteil, nichts als unsere eigene Bequemlichkeit und die Befriedigung unserer unmittelbaren Bedürfnisse.

Aber dies ist nicht der Fall. Jedes freundliche Lächeln, jeder freundliche Gedanke, jede aus Liebe oder Sympathie oder Wohlwollen für andere ausgeführte hilfreiche Tat ist ein Beweis dafür, daß es in uns etwas gibt, was größer ist, als das, was wir sehen – daß wir einen göttlichen Funken in uns tragen und an einem unsterblichen Prinzip teilhaben.

Und je mehr dieser göttliche Funke in uns leuchtet, um so mehr Mitgefühl, Wohlwollen und Liebe strahlen wir aus und um so mehr werden wir von unseren Mitmenschen geliebt; man weist mit dem Finger auf uns und sagt: »Schau, dort geht ein gottähnlicher Mensch.«

Aber auch das Maß des Friedens, des Glücks, der Freude, der Gesundheit und des Wohlbefindens, das für unser Leben bestimmend ist, hängt davon ab, inwieweit der göttliche Funke unser ganzes Dasein erleuchtet.

Seit unvorstellbaren Zeiten hat der Mensch stets zwei Quellen der Heilung anerkannt – seinen Schöpfer selbst und die Kräuter in Wald und Flur, die der Schöpfer zum Wohle der leidenden Menschen geschaffen hat.

Aber eine Wahrheit ist fast in Vergessenheit geraten – daß nämlich diese Pflanzen, die uns heilen, indem sie unsere Sorgen und Ängste besänftigen und lindern, uns zugleich auch wieder mit unserem göttlichen Ursprung in Kontakt bringen. Und mit Zunahme dieses Göttlichen wachsen auch die heilenden Kräfte in uns.

Es ist ein wundervoller, gleichwohl absolut wahrer Gedanke, daß gewisse Pflanzen, indem sie uns Trost und Heilung bringen, zugleich auch unsere Verbundenheit mit unserem göttlichen Ursprung stärken. Und das zeigt sich auch immer wieder darin, daß die Kranken nicht nur von ihren körperlichen Gebrechen genesen, sondern daß die Blütenessenzen sie auch mit Frieden, Hoffnung, Freude, Mitgefühl und Wohlwollen erfüllen oder die entsprechenden inneren Zustände verstärken, sofern sie bereits vorher vorhanden waren.

Und so können wir zu Recht sagen, daß bestimmte Pflanzen ein Gottesgeschenk sind und nicht nur unseren Körper heilen, sondern die Attribute unserer Göttlichkeit in unserem ganzen Dasein zur Geltung bringen.

Wenn wir diese Pflanzen zu Heilzwecken verwenden, dann spielt das körperliche Befinden des Patienten folglich keine entscheidende Rolle; der organische Befund ist ganz gleichgültig.

Uns interessieren nur jene Charakterzüge des Kranken, die ein harmonisches Zusammenspiel seiner Seelenkräfte verhindern.

Die üblichen körperlichen Symptome werden deshalb ignoriert, und alles Augenmerk gilt solchen Gemütszuständen wie Niedergeschlagenheit, Ungeduld, Besorgtheit, Angst, Unentschlossenheit, tiefsitzenden Zweifeln, Intoleranz, Überheblichkeit und so fort. Aber in der Stille, der Gewißheit, dem Mitgefühl unseres innersten Selbst kommen diese Gefühlshaltungen ganz einfach nicht vor.

Eine Behandlung mit den göttlichen Heilpflanzen bringt diese störenden Seelenzustände zum Verschwinden, und sobald sie sich auflösen, stellt sich – egal unter welchen organischen Symptomen wir leiden – unser körperliches Wohlbefinden sogleich wieder ein.

Die alles in sich aufsaugende Zivilisation, in der wir heute leben, ist hauptsächlich durch Streß und übermäßige Belastungen gekennzeichnet. Dadurch haben wir uns von dem Quell jeglicher Heilung, nämlich unserem göttlichen Ursprung, immer mehr abgespalten. Aber unser Schöpfer, der all dies natürlich weiß, hat sich unser erbarmt und uns in seiner Gnade ein Mittel geschenkt, das all unsere Gebrechen und Schwächen zu heilen vermag, bis eines Tages die Zeit oder die Umstände uns wiederum mit unserem göttlichen Ursprung unmittelbar in Kontakt bringen.

Aber diese pflanzlichen Mittel, die Gott uns als Ersatz geschenkt hat, haben eine wundervolle Wirkung. Denn wenn man erlebt, wie diese Pflanzen so viele Menschen heilen und mit Freude und Glück erfüllen, dann steht ganz außer Frage, daß sie nicht allein den Körper gesund machen.

Im übrigen kann gar kein Zweifel daran bestehen, daß Heilung sich in dem Maße einstellt, wie die Harmonie zwischen dem höheren Selbst in unserem Innern und unserem äußeren Körper zunimmt.

Es ist nicht nötig, daß ich hier auf die achtunddreißig Blütenpflanzen im einzelnen eingehe – die entsprechenden Informationen können Sie auch meinem Buch entnehmen. An dieser Stelle möge der Hinweis genügen, daß es eine Essenz für jeden Gemütszustand gibt, der einem glücklichen und erfüllten Dasein abträglich ist. Wenn man mit den Essenzen arbeiten möchte, so braucht man bloß die vorherrschenden Stimmungszustände des jeweiligen Patienten zu kennen und dann das entsprechende Mittel zu verabreichen, und schon verschwinden die Symptome.

Überdies ist es ganz gleichgültig, ob die Krankheit, um die es geht, erst seit ein paar Minuten oder bereits jahrelang besteht – das Behandlungsprinzip ist stets das gleiche.

Überlegen Sie sich einmal, was das für unser Alltagsleben bedeutet. Wir leiden fast alle hier und da an Gefühlszuständen, die die Harmonie unserer Persönlichkeit stören, etwa an Depressionen, Sorgen, Ängsten und so fort. Mit Hilfe der Essenzen lassen sich solche Zustände auflösen, und auf diese Weise verschließen wir nicht nur der Krankheit die Tür, sondern gestalten unser Dasein reicher und glücklicher.

Und welche unter den Künsten könnte für sich in Anspruch nehmen, die Heilkunst zu übertrumpfen? Und was wäre uns Menschen angemessener als der Wunsch, unseren leidenden Mitmenschen Linderung zu verschaffen, wie es auch die Mitglieder einiger alter Mönchsorden bereits getan haben? Was würde uns mehr entsprechen, als Menschen in seelischer Not Trost zu spenden und den Beladenen beizustehen und neue Hoffnung zu geben?

Und wer im Besitz dieser Essenzen ist, der kann all dies tun, nicht aus eigener Kraft, sondern durch die Kraft, mit welcher der Schöpfer diese Heilpflanzen ausgestattet hat.

Letzte Briefe

Die folgende Sammlung von Briefen schließt dies letzte Kapitel von Edward Bachs Leben ab. Er hat sie während seines letzten Monats geschrieben, und da er wußte, daß er nicht mehr lange zu leben hatte, spricht er in den Briefen hauptsächlich von seinem Vermächtnis und von den Menschen, denen er sein Lebenswerk anvertrauen wollte.

Er schrieb an Mr. Daniel, seinen Verleger, den er persönlich nie kennengelernt hatte, und bat ihn, alle aus dem Verkauf der Bücher künftig anfallenden Gewinne an seine Mitarbeiterin Nora Weeks zu senden, die mit allen Aspekten seines Werks vertraut sei und es in Zukunft betreuen werde.

Edward Bach kannte Nora Weeks sehr gut und wußte, daß sie imstande sei, die Reinheit seines Lebenswerks zu wahren. Und so legte er die Zukunft des von ihm entwickelten Heilverfahrens in ihre Hände und bat die übrigen Mitarbeiter, sie bei der Wahrnehmung dieses Auftrags nach Kräften zu unterstützen.

»Das von ihm entwickelte Heilverfahren mit Pflanzen wird auf seinen ausdrücklichen Wunsch hin von seinem eigenen Mitarbeiterstab am letzten Schauplatz seiner Arbeit in Sotwell fortgeführt. Außerdem halten wir an seiner Gepflogenheit fest, von den Patienten kein Honorar zu verlangen.«

Nora Weeks

Wie Edward Bach vorausgesagt hat, sind im Laufe der Jahre immer wieder Versuche unternommen worden, seine Heilmethode zu verändern – sie zu erweitern, sie auf den »neuesten Stand« zu bringen oder sie zu »verbessern«. Sogar an Dr. Bach selbst wurden solche Änderungswünsche herangetragen, und über einen derartigen Versuch hat er Victor Bullen brieflich berichtet. Der betreffende Vorschlag lautete, man solle alle achtunddreißig Essenzen zu einem Kombinationspräparat zusammenfassen, obwohl Bach dies ablehnte. In seinem Brief betonte dieser, wie wichtig es sei, die Einfachheit der Methode beizubehalten, und daß seine Mitarbeiter ungeachtet aller Versuche, das Verfahren zu verändern oder bis zur Unkenntlichkeit zu entstellen, unbeirrbar an dessen Prinzipien festhalten sollten.

Seit Nora Weeks und Victor nicht mehr unter uns weilen, haben wir die Aufgabe übernommen, diese Grundsätze aufrechtzuerhalten, und auch wir dürfen uns in unserem Bemühen, die Integrität der Bach-Blütentherapie zu wahren, durch nichts erschüttern lassen.

26. Oktober 1936

Liebe Leute,

ich stelle es mir wunderbar vor, wenn wir eine kleine Gemeinschaft ohne Rangunterschiede oder Ämter bilden könnten, eine Bruderschaft, in der es kein Oben oder Unten gibt, sondern nur Menschen, die sich den folgenden Prinzipien verpflichtet fühlen:

1. Wir haben Kenntnis von einem Heilsystem erlangt, wie es seit Menschengedenken noch nie offenbart worden ist. Die Einfachheit der Pflanzenessenzen gibt uns die absolute Gewähr, daß diese Mittel Krankheiten zu besiegen vermögen.
2. Wir wollen niemals die Gedanken, die Meinungen und die Überzeugungen anderer Menschen kritisieren oder verdammen und stets eingedenk sein, daß alle Menschen Gottes Kinder sind und auf die ihnen je eigene Weise die göttliche Herrlichkeit zu erlangen suchen.
3. So machen wir uns wie die Ritter in alten Zeiten auf den Weg, den Drachen der Angst zu zerstören, wohlwissend, daß wir nie ein entmutigendes Wort sprechen dürfen und daß wir denen, die leiden, Hoffnung und Gewißheit bringen können.
4. Außerdem wollen wir uns nie durch das Lob und die Erfolge, die uns bei der Ausführung unserer Arbeit zuteil werden, hinreißen lassen – in dem klaren Bewußtsein, daß wir lediglich Gesandte der großen Macht sind.
5. In dem Maße wie es uns gelingt, das Vertrauen der Menschen um uns her zu gewinnen, erklären wir ganz offen, daß wir glauben, von Gott gesandt zu sein, um unseren Mitmenschen in ihrer Not und Bedrängnis beizustehen.
6. Wenn es den Menschen dann besser geht, wollen wir ihnen erklären, daß die heilenden Kräuter in Feld und Flur ein Geschenk der Natur und mithin Gottes sind. Auf diese Weise wollen wir in ihnen den Glauben an die Liebe, das Erbarmen, das zarte Mitgefühl und die Allmacht des Allerhöchsten neu erwecken.

EDWARD BACH

26. Oktober 1936   Mount Vernon
                                               Sotwell, Wallingford
                                                               Berks.

Lieber Vic,

ich denke, inzwischen bist Du mit allen Phasen unserer Arbeit vertraut. Der kürzliche Zwischenfall mit dem besagten Dr. Max Wolf sollte uns willkommen sein, ist es doch nur ein Beweis für den Wert unserer Arbeit, wenn Kräfte sich erheben, die sie entstellen möchten. Denn solche Entstellungsversuche sind viel gefährlicher als sämtliche Bemühungen, unser Werk zu vernichten.

Sobald ein Meister seine Lehre an die Welt weitergereicht hat, tritt mit Notwendigkeit neben die richtige sogleich eine verzerrte Version der Botschaft.

Dies widerfährt sogar so geringen Gestalten wie uns selbst, die sich ganz in den Dienst ihrer Mitmenschen – aber auch des größten von allen, Jesu Christi – gestellt haben.

Eine solche entstellte Version der Lehre ist deshalb unvermeidlich, damit die Menschen die Möglichkeit haben, zwischen dem Gold und dem Flitter zu wählen.

Es ist unsere Aufgabe, unbeirrbar an der Einfachheit und Reinheit dieser Heilmethode festzuhalten. Und wenn eine neue Auflage der *Zwölf Heiler* nötig wird, dann müssen wir dem Buch eine ausführliche Einleitung voranstellen, in der wir noch einmal auf die völlige Ungefährlichkeit, die Einfachheit und die wunderbaren Heilkräfte der Essenzen verweisen, von denen wir durch eine Macht Kunde erhalten haben, die größer ist als unser Intellekt.

Ich bin mir ganz sicher, lieber Bruder, daß Du Dich jetzt, da ich mich zeitweilig in die Einsamkeit zurückziehen muß, der Situation gewachsen zeigen und alle Angelegenheiten, die mit der Betreuung der Patienten und den bürokratischen Notwendigkeiten unserer Arbeit zusammenhängen, regeln wirst. Schließlich weißt Du, daß Menschen wie wir sich von ihrem Weg der Liebe und Pflichterfüllung nicht abbringen lassen, Menschen, die die Freude des Selbst-Opfers und der Hilfsbereitschaft kennengelernt haben und in deren Hände schließlich ein solches Juwel gelegt worden ist. Nichts kann uns von unserem Pfad der Liebe und Pflicht abbringen, dem Menschen diesen reinen, klaren Glanz zu zeigen.

1. November 1936   Sotwell
Wallingford, Berks.
Lieber Mr. Daniel,

ich erwarte täglich, zur Mitarbeit an einem Werk abberufen zu werden, das mir mehr entspricht als die Aufgaben dieser so schwierigen Welt.

Es geht um folgendes: Sollte der Verkauf der mit meinem Namen gezeichneten Bücher irgendeinen Gewinn abwerfen, würden Sie die entsprechenden Beträge dann bitte – derzeit noch unter der vorstehenden Adresse – an Miss Nora Weeks senden. Sie ist viele Jahre lang meine Mitarbeiterin gewesen und kann Sie in allen Fragen beraten, die meine Arbeit betreffen.

Sie hat mir geholfen, die Pflanzen einzusammeln, sie hat gemeinsam mit mir die Möglichkeiten der einzelnen Pflanzen studiert und weiß alles über das von mir entwickelte Verfahren.

Lieber Mr. Daniel, wenn man am Eingang zu jenem Tal der Schatten steht, durch das wir alle hindurch müssen, dann ist man gewiß weniger zurückhaltend als bei einem Wohltätigkeitsbazar – besonders dann, wenn man zuvor zur Stärkung den einen oder anderen Brandy getrunken hat.

Das Heilverfahren, dessen weitere Betreuung jetzt auch in Ihren Händen liegt, ist ein großes Werk, Gottes Werk, und der Himmel allein weiß, warum ich gerade in diesem Augenblick aberufen werde und mich nicht länger für die leidende Menschheit werde einsetzen können.

                                                         EDWARD BACH

Ein an Edward Bachs Mitarbeiter adressierter Brief:

1. November 1936

Ihr lieben Menschen,

es kommt im Leben der Augenblick, da man in eine uns unbekannte Welt abberufen wird.

Und da in meinem Fall dieser Augenblick jede Minute eintreten kann, möchte ich Euch drei bitten, die wundervolle Arbeit, die wir begonnen haben, fortzuführen. Denn dieses Heilverfahren vermag die Macht der Krankheit zu brechen und den Menschen die Freiheit zurückzugeben.

Was ich geschrieben habe, sollte in die Einführung der nächsten Ausgabe der *Zwölf Heiler* aufgenommen werden.

EDWARD BACH

21. August 1939

Lieber Mr. Daniel,

beiliegend übersende ich Ihnen die Änderungen und Ergänzungen, die Dr. Bach für die nächste Auflage des Buches *The Twelve Healers and Other Remedies* vorgesehen hatte.

Die Ergänzung der Einleitung wollte er ganz an den Anfang stellen und dann die bereits vorhandene Einleitung folgen lassen.

Ich hoffe, ich habe mich deutlich ausgedrückt, aber wir können etwaige Änderungen auch noch in den Fahnenabzügen vornehmen, die Sie uns zusenden.

Mit freundlichen Grüßen   Nora Weeks

Am 30. Oktober 1936 von Dr. Eward Bach diktiert

Diesen Text bitte in der nächsten Auflage von *The Twelve Healers and Other Remedies* an den Anfang der bereits vorhandenen Einleitung stellen.

Einleitung

Dieses Heilverfahren ist die vollkommenste Behandlungsmethode, die der Menschheit seit ältesten Zeiten zuteil geworden ist.

Mit dieser Methode lassen sich alle Krankheiten heilen. Wegen ihrer Einfachheit eignet sie sich aber auch hervorragend für den Hausgebrauch.

Am wunderbarsten an diesem Verfahren ist neben seinem außerordentlichen therapeutischen Wert die Einfachheit seiner Prinzipien.

Außer den im folgenden beschriebenen Grundregeln der Methode sind zu ihrer Anwendung keinerlei wissenschaftliche oder Fachkenntnise erforderlich.

Und den größten Nutzen aus diesem Gottesgeschenk werden all jene ziehen, die seine Reinheit unangetastet lassen und es von allen wissenschaftlichen Theorien freihalten, denn in der Natur ist alles einfach.

Dieses Heilsystem, das Gott uns offenbart hat, basiert auf der Erkenntnis, daß es unsere Ängste, Sorgen, Befürchtungen und so fort sind, die der Krankheit Tür und Tor öffnen.

Indem wir also unsere Ängste, Sorgen und Befürchtungen behandeln, befreien wir uns nicht nur von unseren Krankheiten, sondern erlangen auch die Gnade des Schöpfers aller Dinge, so daß wir in Glück und Zufriedenheit unser Leben verbringen können.

Da die Pflanzen unsere Ängste und Befürchtungen, unsere Fehler und Schwachstellen heilen, entziehen sie der Krankheit den Boden, so daß unsere organischen Beschwerden im Laufe der Behandlung rasch verschwinden.

Damit ist eigentlich alles Wesentliche gesagt, denn die Wissenden sind sich über all dies ohnehin im klaren. Möge es eine große Zahl wissender Menschen gegen, die sich durch die Wissenschaft von ihrem Weg nicht abbringen lassen und diese Gottesgaben verwenden, um ihren Mitmenschen Linderung und Hilfe zu bringen.

Und so verstehen wir nun, daß all unsern Krankheiten unsere Ängste und Befürchtungen zugrunde liegen, unsere Gier, unsere Vorlieben und Abneigungen. Wenn es uns gelingt, diese Gemütszustände zu heilen, dann werden zugleich mit den entsprechenden Gefühlen auch die Krankheiten verschwinden, unter denen wir leiden.

Teil V
Ansichten über Edward Bach

In diesem Kapitel haben wir einige Texte zusammengestellt, die Freunde und Kollegen über Edward Bach geschrieben haben; hinzu kommen noch einige Fotografien, die ihn in jungen Jahren zeigen. Da Edward Bach die Poesie im allgemeinen und insbesondere Rudyard Kipling liebte, haben wir auch eine Auswahl seiner Lieblingsgedichte mit in den Text aufgenommen. Ganz sicher werden auch Sie Ihre Freude daran haben.

Die im folgenden abgedruckten Darstellungen von Edward Bachs Persönlichkeit und Charakter, insbesondere der von Nora Weeks verfaßte Text, vermitteln einen Eindruck von seinem Wesen. Sie zeigen aber auch, daß er ungeachtet seiner speziellen Berufung ein Mensch wie du und ich war. Er war ein außerordentlich bescheidener Mann, der genau wußte, daß er bei der Auffindung der Heilpflanzen nur als Werkzeug diente. Er wollte nicht auf einen Sockel gestellt oder angebetet werden – denn für ihn zählte nur das Werk, nicht er selbst. Das Glück und die Gesundheit seiner Mitmenschen standen unerschütterlich im Mittelpunkt seines Interesses.

Dennoch sind wir ihm zu großem Dank verpflichtet, aber auch seinen Mitarbeitern, die ihr Leben dem von ihm entwickelten Heilverfahren verschrieben haben. Es ist in der Tat ein großes Privileg, mit Edward Bachs Lebenswerk so eng verbunden zu sein, und eine Freude, mit Nora Weeks und Victor Bullen, seinen engsten Freunden und Kollegen zusammengearbeitet zu haben. Ihnen war noch das Glück beschieden, Edward Bach persönlich gekannt zu haben, und wir sind ihnen und all seinen anderen Freunden außerordentlich dankbar, die uns von ihren Erfahrungen mit ihm berichtet und ihn uns so ein wenig nähergebracht haben.

Erinnerung an Edward Bach

In den Jahren nachdem Dr. Bach aus London fortgegangen war, um seine Blütentherapie zu entwickeln, nahmen seine Sensibilität und sein inneres Wissen immer mehr zu. In den letzten beiden Jahren wurde er sich immer deutlicher bewußt, daß seine Verbindung mit seinem physischen Körper immer schwächer wurde. Er hatte viele Jahre lang vegetarisch gelebt, doch jetzt hatte er das Gefühl, daß er sich »deftiger« ernähren müsse, wenn er nicht bereits vor der Beendigung seines Werkes von seinem Körper Abschied nehmen wolle. Und so aß er Fleisch.

Er war ein starker Raucher, verzichtete jedoch auf Zigaretten, wann immer er sich auf die Eingebungen jener »schwachen inneren Stimme« konzentrierte. In solchen Augenblicken hatte er eine wunderbare Ausstrahlung, die uns wie ein helles Licht erschien, und auf seinem Gesicht lag ein erhabener Ausdruck des Friedens. Von dieser Ausstrahlung und diesem Frieden wurden alle erfaßt, die in diesen Momenten bei ihm waren.

Er konnte bisweilen eine große alles einschließende Liebe wie auf Knopfdruck »einschalten«. Es handelte sich jedoch bei dieser Liebe nicht mehr um ein persönliches Gefühl, sondern vielmehr erschien sie uns wie eine unpersönliche göttliche Liebe. Die Heilwirkung dieser Liebe auf sämtliche Anwesenden war ganz außerordentlich; sie vermittelte uns ein Gefühl der Freude, des Friedens und der allumfassenden Sicherheit, das nicht von dieser Welt war. Ebenso unvermittelt konnte er diese Ausstrahlung wieder »ausschalten«.

Und genau wie die anderen großen Seelen, die in einem Körper hier auf dieser Erde erscheinen und unaussprechliche Werke verrichten – und nichts sehen als ihren Auftrag –, konnte Edward Bach mitunter verärgert und reizbar, ja fast brutal sein. Solche Anwandlungen hielten jedoch nicht lange an, und wie alle großen Seelen litt er geradezu körperlich, wenn er einmal auch nur im geringsten von dem Pfad des Mitgefühls und der Liebe abgewichen war, den zu gehen er beschlossen hatte. Große Dichter, Musiker, Künstler

Meister, aber auch Politiker wie Winston Churchill haben einfach keine Zeit, die Schwachstellen ihres Charakters zu korrigieren, da ihr Lebensauftrag all ihre Energien aufzehrt.

Edward Bach »wußte« stets, was die Leute um ihn her dachten, egal wie sehr sie auch versuchten, ihre Gefühle zu verbergen, und das machte ihm selbst, aber auch den Menschen, mit denen er zusammenlebte, das Leben manchmal schwer. Er sah seine Freunde einmal an und verließ dann für den ganzen Tag das Haus. Bisweilen sagte er: »Wenn du glaubst, daß ich ein Narr bin, dann sag es doch und denke es nicht nur, denn das ist überaus schmerzlich.« Nur allzuhäufig vergessen wir, daß auch Gefühle, die wir ausstrahlen, verletzen können.

Es gab gewisse Menschen und Krankheiten (es sei denn, der Betreffende suchte Dr. Bachs professionelle Hilfe), vor denen er davonlief. Im Laufe der Jahre studierte er menschliche Persönlichkeitstypen und Gemütszustände, und zu diesem Zweck besuchte er Restaurants, Theater, Kinos, Läden und begab sich in Menschenmengen. Häufig ergriff er in solchen Situationen eilends die Flucht, da einer der Anwesenden – wie Bach sagte – zu dominant oder haßerfüllt war und er sich von diesen negativen Emotionen wie von einem Schlag getroffen fühlte. Als er sich einmal auf der Strandpromenade in Brighton ein Konzert anhörte, stand er plötzlich mit einem Schrei auf und stürmte davon. Als man ihn nach dem Grund fragte, wollte er wissen: »Was war dieses Böse in meinem Rücken?« Der Mann, der hinter ihm gesessen hatte, war allem Anschein nach völlig normal, doch Edward Bach reagierte auf die unsichtbaren Gefühle dieses Menschen.

Häufig brach er beim Anblick bestimmter Leute fast zusammen – grau im Gesicht fing er in solchen Situationen zu wanken an wie ein Betrunkener oder legte sich zur Erholung auf einen Grasstreifen. Wenn wieder einmal einer dieser Zustände über ihn kam, haben wir häufig nach ihm gesucht und ihn nach Hause geführt, damit er sich wieder stabilisieren konnte.

Er sagte, er wolle sich gegenüber diesen Erfahrungen nicht verschließen, obwohl er dazu durchaus in der Lage sei, denn er dürfe in seiner Sensibilität nicht nachlassen, da ihm zur Vollendung seines Werkes nur noch wenig Zeit beschieden sei. Er zog sich dann für eine Weile zurück – genau wie Jesus, der sich bisweilen von der Menge entfernte, um neue Kraft zu sammeln.

Mitunter weilte sein Geist in einer anderen Welt, während er äußerlich zu schlafen schien. Er hatte hinterher oft Schwierigkeiten, wieder zu sich zu kommen, und wäre viel lieber in jener anderen Sphäre geblieben.

Einmal sagte er zu mir: »Verschwindet dein Körper bisweilen aus deinem Bewußtsein?« Und als ich dies bejahte, erklärte er: »Du weißt nicht, welches Glück dir beschieden ist. Mein ganzes Leben lang hat mein Körper unentwegt unter irgendwelchen Schmerzen oder Beschwerden gelitten.«

Aber die Qualen, die er körperlich auszustehen hatte, konnten ihn nie von der Arbeit abhalten. Immer wieder wurde er gesehen, wie er mit von Geschwüren übersäten Beinen meilenweit umherlief oder mit stechendem Kopfweh oder fast unerträglichen Schmerzen, die von einer Trigeminusneuralgie herrührten. »Ich muß Schmerzen aus eigener Erfahrung kennen, damit ich weiß, was andere zu leiden haben.«

All dies klingt, als sei er geradezu ein Heiliger gewesen, aber das war er nicht. Er hatte – wie bereits erwähnt – ein aufbrausendes Temperament, das er allerdings, so gut es eben ging, zügelte. Bisweilen stellte er verrückte Dinge an, um die Leute zu schockieren, und er behandelte Menschen, die aus reiner Neugier zu ihm kamen, wie es ihm gerade in den Sinn kam, häufig sogar rüde, wenn man die üblichen Beurteilungsmaßstäbe anlegt. Viele konnten ihn nicht verstehen.

Auf der anderen Seite war er außerordentlich humorvoll und hatte viel Freude an den einfachen Dingen des Lebens. Wenn er die ersten in freier Natur wachsenden Pilze des Jahres einsammelte, war er übermütig wie ein Schuljunge. Auch machte ihm das Kochen großen Spaß, und er liebte es, sich seine Hosen selbst zu schneidern und Stühle und Tische selbst zu bauen.

Er stand nicht nur mit den Pflanzen, Bäumen und Büschen auf vertrautem Fuß, sondern auch mit den Tieren. Vögel kamen und setzten sich auf den Handgriff des Spatens, mit dem er den

Garten umgrub; sie brachten sogar ihre Jungen mit. Normalerweise wütend bellende Hunde leckten seine Hände. Wenn er eine Blume in der Hand hielt, wußte er nicht nur sofort ihre Heileigenschaften, sondern kannte auch ihre Geschichte. Eine malvenfarbene *Sea convululous* etwa berichtete ihm, sie wachse am Meer, um sich reinigen zu lassen und ihre schneeweiße Farbe zurückzuerlangen, denn einst sei sie an einer Stelle gewachsen, wo viel Blut vergossen worden sei, dabei seien ihre Blütenblätter rot eingefärbt worden.

Obwohl er sich nicht sonderlich dafür interessierte, konnte er sich doch noch an gewisse Details aus früheren Inkarnationen erinnern. Schon immer war er ein Heiler gewesen. Einmal sah er sich im Geiste, wie er Fläschchen mit heilkräftigen Pflanzenessenzen bereitete. Diese kostbaren Fläschchen standen auf einem Regal und durften kaum berührt werden, so daß selbst die Etiketten mit dem Namen der Essenzen separat an dem Regalbrett angebracht waren.

Bei anderer Gelegenheit sah er sich kopfüber in einen Fluß springen, um sich körperlich und geistig vollkommen von seinem letzten Patienten reinigen, bevor er sich mit dem nächsten Kranken befaßte.

Er folgte stets seiner Intuition, seinem »inneren« Drang. Während andere kaum auf die Idee kommen würden, ein gutes Essen einfach auf dem Tisch stehen zu lassen oder mitten in einem interessanten Gespräch aufzustehen, so folgte er unbeirrbar seiner inneren Stimme. Wenn er den Drang verspürte hinauszugehen, so folgte er diesem Impuls, egal was er auch gerade tun mochte. In diesem Zusammenhang fallen mir zwei Beispiele ein. Als er einmal in Cromer Briefe diktierte, hörte er mitten in dieser Beschäftigung plötzlich auf und ging zum Strand hinüber. Unterwegs traf er einen Mann, der völlig verzweifelt hin und her lief. Bach kannte ihn und fragte ihn, was los sei. »Ich bring mich um, ich halt' es nicht mehr länger aus. Ich werde mich gleich von der Pier ins Wasser stürzen.« Es gelang Edward Bach jedoch, den Mann umzustimmen, wofür dieser ihm später sehr dankbar war, denn für die Probleme des Lebensmüden fand sich schon bald eine Lösung.

Bei einer anderen Gelegenheit stand der Doktor einmal ganz unvermittelt vom Mittagstisch auf und ging zum Strand hinunter, wo er einen Mann entdeckte, der voll bekleidet ins Meer hinausging, um seinem Leben ein Ende zu setzen. Aber auch diesen Mann konnte er wieder soweit aufrichten, daß der Betreffende von seinem Vorhaben Abstand nahm.

»Selbst der Mund von Kindern und Säuglingen spricht die Wahrheit.« Der Doktor hörte jedem, mit dem er sprach, ganz genau zu. »Man weiß nie, wer die Menschen sind und welche Wahrheit man von ihnen erfahren kann.«

Viele Leute sagten damals: »Ich habe ihn nur aus der Entfernung gesehen, und schon ging es mir besser.«

Kleidung und Geld waren ihm natürlich völlig gleichgültig. Seine Anzüge waren immer eine Nummer zu groß, da er es nicht ertrug, eingeengt zu werden, auch trug er nie einen Hut.

Mit dem üblichen Berufsbild des praktischen Arztes hatte er nichts im Sinn. Er hieß seine Patienten willkommen, vermittelte ihnen das Gefühl, daß sie sehr wichtig seien, und ermutigte sie in dem Glauben an die eigene Heilung.

Eine Frau, die im Gesicht unter einer unangenehmen und abstoßenden Hautkrankheit litt, machte er glücklich, als er sie auf beide Wangen küßte. Innerhalb von wenigen Tagen war ihre Haut wieder rein.

Er war ein begnadeter Heiler, aber sein Hauptinteresse galt den Heilpflanzen. Diese Blütenpflanzen, so sagte er, können andere ebenfalls verwenden, während er seine Heilbegabung nicht weitergeben konnte, da er sie einer höheren Macht verdankte.

Als ich einmal unter einer schweren Bronchitis litt, strich er mir nur ein einziges Mal mit der Hand über den Rücken, und ich war augenblicklich geheilt.

Obwohl es bei der Blütentherapie entscheidend auf die seelischen Schwierigkeiten und die Persönlichkeit des Patienten ankommt, konnte er, ohne daß der Kranke auch nur ein Wort gesagt hätte, seine Hand sofort auf das erkrankte Organ oder den verletzten Muskel legen, und oft genügte dies schon, um eine Heilung herbeizuführen.

Er brauchte einen Patienten nur einmal anzusehen, und schon kannte er das Problem, die versteckte Angst, die Haß- oder Eifersuchtsgefühle, unter denen der Kranke litt, und konnte auch sogleich die entsprechende Blütenessenz benennen.

Und was noch wichtiger ist, er konnte dem Leidenden auch gleich die positiven Eigenschaften sagen, die hinter dessen Schwierigkeiten verborgen waren – Mut, Liebe, Mitleid oder Verständnis. Er durchschaute sofort den wahren Charakter eines Menschen und erklärte den Kranken, was für großartige Leute sie doch seien und daß Gottes Kinder sich niemals fürchten.

Seine Stimme vermittelte Selbstvertrauen, gab einem das Gefühl, besser zu sein und daß man wesentlich wichtiger und liebenswerter sei, als man selbst zuvor angenommen hatte.

NORA WEEKS

Begegnung mit Edward Bach

Immer wieder werde ich gebeten, über meine persönliche Bekanntschaft mit Dr. Bach zu berichten, aber das ist gar nicht so einfach. Am besten kannte ich ihn, als ich zwölf Jahre alt war, und Erinnerungen aus diesen Kindheitsjahren sind häufig eine Mischung aus Phantasie und Wahrheit. Weil diese Erinnerungen jedoch für das Bild dieses bedeutenden Mannes so wichtig sind, habe ich versucht, in meinem Gedächtnis noch ein paar weitere Begebenheiten aus jenen Tagen zu reaktivieren.

In diesem Zusammenhang fällt mir zunächst ein, daß mein Vater, der ebenfalls Arzt und älter war als Edward Bach, dessen Arbeit eine außerordentliche Wertschätzung entgegenbrachte. Seit der Zeit, als Dr. Bach anfing, mit den Nosoden zu experimentieren, wurde in unserer Familie häufig über seine Leistungen gesprochen, und wir Kinder wußten, daß unsere Eltern ihn und seine Arbeit sehr bewunderten. Er besuchte uns ein paarmal zu Hause, und wir verbrachten einmal die Ferien in Cromer, als er dort war. Und von diesen kurzen Begegnungen rühren die Erinnerungen her, die in meinem Gedächtnis haften geblieben sind.

Besonders gut erinnere ich mich daran, daß er Heuchelei nicht ausstehen konnte und Menschen ablehnte, die ständig bemüht waren, ihr Gesicht zu wahren und gegen keine Konvention zu verstoßen. Er fand, jedermann solle sich so benehmen und so sprechen, wie er sich fühle. Er reagierte überaus empfindlich auf Menschen, und zwar in einem solchen Ausmaß, daß er sich weigerte, mit Menschen auch nur den geringsten Umgang zu pflegen, die ihm unsympathisch waren. Bei einer Gelegenheit machte er auf dem Absatz kehrt und verließ den Raum, als ein anerkannter modischer junger Chirurg zu uns nach Hause kam, eigens um ihn kennenzulernen. Aber gegenüber den allermeisten Menschen war er die Freundlichkeit selbst. Er verlangte nichts als Einfachheit und Offenheit. Von dieser einen Gelegenheit abgesehen, kann ich mich an keine Situation erinnern, in der er jemanden brüskiert oder unfreundlich behandelt hätte. Allerdings erwartete er von anderen Menschen, daß sie für alles, was sie sagten oder taten, auch wirklich einstanden, und selbst Kindern ließ er rein konventionelle Halbwahrheiten nicht durchgehen.

Dr. Bach brachte meine Eltern wohl bisweilen ziemlich in Verlegenheit, auch wenn wir Kinder das damals noch nicht mitbekamen. Es war während unserer Ferien in Cromer, als ich zwölf Jahre alt war, daß eine meiner Schwestern und ich den Wunsch äußerten, eine Zigarette zu rauchen. Wir saßen damals in einem Restaurant und hatten gerade gegessen, und unsere Eltern taten unseren Wunsch als lächerlich ab. Nicht hingegen Dr. Bach. »Wenn sie rauchen möchten, dann laßt sie doch«, sagte er. Und er zündete zwei Zigaretten an und gab sie uns. Meine Eltern waren normalerweise ziemlich konventionelle Leute, die uns in der Öffentlichkeit so etwas ganz sicher nicht gestattet hätten. In diesem Fall jedoch nahmen sie es ruhig hin, und seltsamerweise verspürten wir schon sehr bald kaum mehr ein Verlangen zu rauchen – zweifellos, weil es nicht verboten war. Keines von uns drei Kindern rauchte später noch viel, und heute raucht überhaupt nur noch einer von uns, und zwar sehr mäßig.

In Dr. Bachs Augen waren alle Verbote und jeglicher Zwang zum Verzicht falsch, und dies empfanden wir so stark, wie ich mich noch heute erinnere, daß keiner von uns das Bedürfnis verspürte, die Situation auszunutzen oder mit unseren Rauchkünsten zu renommieren. Zwischen meinen Schwestern und mir galt es als ausgemacht, daß wir uns in Dr. Bachs Gegenwart ausgesprochen wohl und irgendwie »gerechtfertigt« fühlten, auch wenn wir nicht zu sagen gewußt hätten, weshalb. Aber wir verstanden schon, daß er uns beispielsweise das Rauchen deshalb erlaubte, weil er wünschte, daß wir uns für unser Tun selbst verantwortlich fühlten. Und auf diese Weise verschwand unsere kindische Renommiersucht sehr rasch und zugleich damit der Wunsch, von verbotenen Früchten zu naschen. Wir spürten, daß er nur unser Bestes wollte, und deshalb reagierten wir entsprechend. Und der Eindruck, den seine Persönlichkeit auf mich hinterlassen hat, wirkt bis heute fort.

FRANCES THOMAS

Das weiße Pony – eine Fallgeschichte

Der Farmgehilfe sagte, er sei schon damit beschäftigt gewesen, das Grab für das Pony auszuheben, das seit Tagen nichts mehr gefressen, bereits Schaum vor dem Maul hatte und kaum mehr auf den Beinen stehen konnte. Man war allgemein davon überzeugt, daß es die nächste Stunde nicht überleben werde.

Nach Auskunft des Farmgehilfen kam Edward Bach dann des Wegs und sagte: »Würden Sie bitte mal die Zunge des Tieres seitlich aus dem Maul herausziehen?« Der Gehilfe leistete dieser Aufforderung Folge, und der Doktor nahm ein kleines Fläschchen aus der Tasche und goß den Inhalt in den Rachen des Ponys.

Er sagte zu dem Gehilfen: »Sie können das Grab wieder zuschütten. Füttern und tränken Sie das Pony wie gewohnt.« Dann ging er seines Weges.

Der Gehilfe tat, wie der Doktor gesagt hatte, und das Pony fraß und trank und gelangte rasch wieder zu Kräften.

Welche Essenz Edward Bach in diesem Fall verwendete, ist nicht bekannt – wahrscheinlich *Rock Rose* oder *Rescue*.

Sotwell 1935

Gedichte und Fotografien

Rudyard Kipling
Aus den ›Barrack-Room Ballads‹

Beyond the path of the outmost sun through utter darkness hurled –
Farther than ever comet flared or vagrant star-dust swirled –
Live such as fought and sailed and ruled and loved and made our world.

They are purged of pride because they died; they know the worth of their bays;
They sit at wine with the Maidens Nine and the Gods of the Elder Days –
It is their will to serve or be still as fitteth Our Father's praise.

'Tis theirs to sweep through the ringing deep where Azrael's outposts are,
Or buffet a path through the Pit's red wrath when God goes out to war,
Or hang with the reckless Seraphim on the rein of a red-maned star.

They take their mirth in the joy of the Earth – they dare not grieve for her pain.
They know of toil and the end of toil; they know God's Law is plain;
So they whistle the Devil to make them sport who know that Sin is vain.

And oft-times cometh our wise Lord God, master of every trade,
And tells them tales of His daily toil, of Edens newly made;
And they rise to their feet as He passes by, gentlemen unafraid.

To these who are cleansed of base Desire, sorrow and Lust and Shame –

Gods for they knew the hearts of men, men for they stooped to Fame –
Borne on the breath that men call Death, my brother's spirit came.

He scarce had need to doff his pride or slough the dross of Earth –
E'en as he trod that day to God so walked he from his birth,
In simpleness and gentleness and honour and clean mirth.

So cup to lip in fellowship they gave him welcome high
And made him place at the banquet board – the Strong Men ranged thereby,
Who had done his work and held his peace and had no fear to die.

Beyond the look of the last lone star, through open darkness hurled,
Further than rebel comet dared or hiving star-swarm swirled,
Sits he with those that praise our God for that they served His word.

A. A. Milne
The King's Breakfast

The King asked the Queen, and the Queen asked the Dairymaid:
»Could we have some butter for the Royal slice of bread?«
The Queen asked the Dairymaid, the Dairymaid said »Certainly,
I'll go and tell the cow now before she goes to bed.«
The Dairymaid she curtsied, and went and told the Alderney:
»Don't forget the butter for the Royal slice of bread.«
The Alderney said sleepily: »You'd better tell His Majesty
That many people nowadays like marmalade instead.«
The Dairymaid said, »Fancy!« and went to Her Majesty.
She curtsied to the Queen, and she turned a little red:
»Excuse me, Your Majesty, for taking of the liberty,
But marmalade is tasty, if it's very thickly spread.«
The Queen said »Oh!« and went to His Majesty:
»Talking of the butter for the Royal slice of bread,
Many people think that marmalade is nicer.
Would you like to try a little marmalade instead?«
The King said, »Bother!« and then he said,
»Oh, deary me!« The King sobbed, »Oh, deary me!« and went back
   to bed.
»Nobody,« he whimpered, »Could call me a fussy man;
I *only* want a little bit of butter for my bread!«
The Queen said, »There, there!« and went to the Dairymaid.
The Dairymaid said »There, there!« and went to the shed.
The cow said, »There, there! I didn't really mean it;
Here's milk for his porringer and butter for his bread.«
The Queen took the butter and brought it to His Majesty;
The King said, »Butter, eh?« and bounced out of bed.
»Nobody,« he said, as he kissed her tenderly,
»Nobody,« he said as he slid down the banisters,
»Nobody, my darling, could call me a fussy man –
BUT
I *do* like a little bit of butter to my bread!«

Aus *When we were very young*.

Anna de Bary
Under the Wiltshire Apple Tree

Some folk as can afford, so I've heard say,
Set up a sort of cross right in the garden way to mind 'em of the Lord.
But I, when I do see t'is apple tree and stooping limb, spread wi' moss,
I think of God and how He trod that garden long ago.
He walked, I reckon, to and fro and then sat down, upon the groun',
Or some low limb as suited Him, such as you see on many a tree,
And on t'is very one where I at set o' sun do sit and talk wi' He.
And mornins too I rise and come and sit down where the branches be low.
The birds do sing, the bees do hum, the flowers in the border blow,
And all my heart's so glad and clear, like pools when mists do disappear.
Like pools alaughin' in the light when mornin's air tis all swep and bright.
Like pools wot got Heaven in sight so 's my heart's cheer.
He never pushed when He be near the garden door nor left a footmark on the floor.
I never heard Un stir nor tread and yet His Hand do bless my head.
And when tis time for work to start I take Him with me in my heart.
And when I die, pray God I see at very last t'is apple tree and stooping limb
And think of Him and all He bin to me.

Edward Bach

Eager and ardent, like a living flame,
Without a thought of self, desiring ever
Nor wealth nor power nor influence nor fame
Except as those might forward his endeavour
To help mankind. So swift to understand
All doubts and fears and failures, yet so slow
To judge or to condemn, he set his hand
Alone to heal, to help those powers to grow
That make for fellowship and cast out hate
And aim to help the whole wide world to gain
Touch with the Infinite. Darkly we wait
So long for light, so oft it seems in vain,
But here was a life that sped too swiftly by
Yet kindled fires that will be slow to die.

C.E.W.

Am Strand in Cromer (Norfolk) 1932. Edward Bach sitzt ganz links. Die dritte der abgebildeten Personen von links ist Nora Weeks.

Gedichte und Fotografien

Edward Bach im Alter von neunzehn Jahren; Wales 1905

GEDICHTE UND FOTOGRAFIEN

Ansichten über Edward Bach

Edward Bach im Alter von neunzehn Jahren; Wales 1905

Gedichte und Fotografien

Edward Bach im Alter von neunzehn Jahren; Wales 1905

»Seht her, ich werde leben immerdar.«

Deep Peace of the Running Wave to you,
Deep Peace of the Flowing Air to you,
Deep Peace of the Quiet Earth to you,
Deep Peace of the Shining Stars to you,
Deep Peace of the Son of Peace to you.

FIONA MACLEOD

Informationen
über die Bach-Blütentherapie
in den deutschsprachigen Ländern

Auskünfte und Beratung über sämtliche Angelegenheiten der Bach-Blütentherapie in Deutschland, Österreich und der Schweiz, sowie über den Bezug und die Anwendung der Original Bach-Blütenkonzentrate und die »Original Dr. Bach Blüten-Seminare Mechthild Scheffer« erhalten Sie von:

**Institut für Bach-Blütentherapie
Forschung und Lehre
Mechthild Scheffer**

Dr. Edward Bach Centre, German Office
Lippmannstraße 57, D-22769 Hamburg
Telefon 0 40 / 43 25 77 10, Fax 0 40 / 43 52 53

Dr. Edward Bach-Centre, Austrian Office
Seidengasse 32/1, A-1070 Wien
Telefon 02 22 / 5 26 56 51 10, Fax 02 22 / 5 26 56 51 15

Dr. Edward Bach-Centre, Swiss Office
Mainaustraße 15, CH-8034 Zürich 8
Telefon 01 / 3 82 33 11, Fax 01 / 3 82 33 19